中国少数民族人口丛书

畲族

翟振武 主编

麻健敏/著

中国人口出版社
China Population Publishing House
全国百佳出版单位

图书在版编目（CIP）数据

畲族/麻健敏著．—北京：中国人口出版社，2012.12（2022.7重印）
（中国少数民族人口丛书）
ISBN 978-7-5101-1578-3

Ⅰ.①畲… Ⅱ.①麻… Ⅲ.①畲族—民族文化—中国 Ⅳ.①K288.3

中国版本图书馆 CIP 数据核字（2013）第 013295 号

中国少数民族人口丛书 畲族
ZHONGGUO SHAOSHU MINZU RENKOU CONGSHU SHEZU
翟振武 主编 麻健敏 著

责任编辑 张宏文
美术编辑 刘海刚
责任印制 林 鑫 王艳如
出版发行 中国人口出版社
印 刷 北京兴星伟业印刷有限公司
开 本 710 毫米 ×1000 毫米 1/16
印 张 10.75 插 1
字 数 147 千字
版 次 2012 年 12 月第 1 版
印 次 2022 年 7 月第 2 次印刷
书 号 ISBN 978-7-5101-1578-3
定 价 45.00 元

网 址 www.rkcbs.com.cn
电子信箱 rkcbs@126.com
总编室电话 (010) 83519392
发行部电话 (010) 83510481
传 真 (010) 83538190
地 址 北京市西城区广安门南街 80 号中加大厦
邮 编 100054

序

如果把一个民族比作一颗星星，那我们就是生活在一个繁星满天的世界。当今世界上有约 3000 个民族，分布在 200 多个国家和地区，绝大多数国家由多个民族组成。中国也是同样，是由各族人民共同缔造的统一的多民族国家。在漫漫的历史长河中，生活在中华大地上的各族人民密切往来、交流融合、团结奋斗、休戚与共，形成了一个伟大的强盛的中华民族大家庭，共同开发了祖国的美好河山，共同推动了国家的发展和社会的进步。

在中华民族的大家庭中，有 56 个成员，其中有 55 个是少数民族。新中国成立以来，少数民族人口一直持续增长。1953 年第一次全国人口普查时，少数民族人口总数为 3532 万人，占全国总人口的 6.1%。2010 年进行第六次全国人口普查时，少数民族人口总量达到了 1.14 亿，几乎是 1953 年的 3 倍，占到了全国 13.4 亿人口的 8.5%。各少数民族人口数量相差较大，如壮族有 1693 万人，回族 1059 万人，满族 1039 万人，维吾尔族 1007 万人，而赫哲族只有 5354 人，塔塔尔族 3556 人，独龙族 6930 人。中国各民族的人口分布呈现大散居、小聚居、交错杂居的特点。汉族地区有少数民族聚居，少数民族地区也有汉族居住；许多少数民族既有一块或几块聚居区，又散居全国各地。中国少数民族聚居区大都地广人稀，资源富集。少数民族地区的草原面积，森林和水力资源蕴藏量，以及天然气等基础储量，均超过或接近全国的一半。全国2.2万多公里陆地边界线中的1.9万公里在民族地区。全国的国家级自然保护区面积中民族地区占到85%以上，是国家的重要生态屏障。中国各民族的起源和经济、社会、文化的发展有着本土性、多元性、多样性的特点，五彩缤纷，丰富多彩。

要全面认识中华民族，就要从认识每一个民族开始。正是从这个理念出发，我们编写了这套《中国少数民族人口》大型系列丛书，力图从历史、文化、经济、社会等各个方面，用准确、科学、生动的语言，全方位描述和展现各少数民族灿烂辉煌的历史和现状，编织出一幅绚丽多彩的中华民族大家庭的“全家福”。

编写这样一套大型系列丛书，难度非同一般。几经论证和深入研讨，最终形成了编写大纲，这套丛书各个分卷的作者绝大多数由少数民族作家担任，他们不仅熟悉自己民族的历史和文化，而且对本民族有深厚的感情。在国家新闻出版总署、国家人口计生委和中国人口出版社的大力支持下，作者们历经数年，几易其稿，终成此书。值此丛书出版之际，我们衷心地祈愿这幅“全家福”能为民族的交流和团结，为中国的文化建设，为整个中华民族的繁荣昌盛，作出一份微薄的贡献。

翟振武

2012年5月于北京

PREFACE

Every nationality sparkles like a star in the firmament. Now we have about 3000 stars distributed across the world in more than 200 countries, most of which are multinational. So is China, which consists of a number of nationalities. For centuries, all the nationalities have lived together, worked together and fought together, making China a prosperous unified multinational country.

Of all the 56 nationalities in China, 55 are minorities whose population has been increasing since the founding of The People's Republic of China. According to the first census in 1953, the minority population was about 35. 32 million, accounting for 6. 1 percent of China's total population. By 2010, the number had almost tripled. According to the sixth census, the population of the minorities amounted to 114 million, making up 8. 5 percent of the 1. 34 billion people in China. The population size of minority groups varies a lot. Some of them have a large population, for example, the Zhuang Nationality has a population of 16. 93 million; the Hui has 10. 59 million people and the Manchu consists of 10. 39 million people. Some of the minorities are quite small, such as the Hezhe, the Tatar and the Drung nationalities, which have populations of 5354, 3556 and 6930, respectively. China's nationalities live together over vast areas with some living in individual, concentrated communities in small areas.

Some minorities' concentrated communities are scattered among the Hans, and some Han people also live in the minority communities. Some minorities may have one or more concentrated communities, while their people spread all over the country. Most minorities' concentrated communities have their people sparsely distributed in large areas with abundant resources. The grassland, forest, water and natural gas reserves in areas inhabited by minority people account for about half of China's total. Further, 19 000 kilometers of the nation's 22 000-kilometer land boundary are in minorities' communities. In addition, 85 percent of the country's state-level natural reserves are in the minority areas, making the people important guardians of China's ecology. Each of the nationalities' origin is unique, and their development of economy, society and culture is full of variety.

Only by learning every aspect of the minorities' lifestyle can we have a comprehensive understanding of the Chinese nation. Under this notion, we write this series of books on the Population of China's Minorities to provide a detailed picture of our Chinese nation, with the glorious past and prosperous present of the country's minorities.

It is through trials and tribulations that we write this spectacular series of books. Most of the authors, who have profound knowledge of the minorities and wrote the books with their strong emotions, are members of minority groups. With the great support of the National Publication Foundation, the National Population and Family Planning Commission and China Population Publishing House, the authors completed the books after years of unremitting endeavor.

On the publication of this series of books, we are looking forward to seeing these books contribute to the unity of the Chinese nation and help our country flourish in the future.

Zhenwu Zhai
Beijing
May 2012

目录

概　述 …………………………………………………………… 1

第一章　盘瓠的子孙 ………………………………………… 5

第一节　“忠勇王”与凤凰神山的传说 …………………… 5

第二节　依山而迁　散布东南 ……………………………… 12

第三节　山上层层桃李花　云间烟火是人家 ……………… 18

第二章　畲民的泛家族观念 ………………………………… 27

第一节　畲民独立的家族话语 ……………………………… 27

第二节　家族祠堂——伦理与风水的培植 ………………… 31

第三节　蓝姓种玉堂 ………………………………………… 37

第三章　古风弥漫的远祖祭祀 ……………………………… 43

第一节　神秘的祖先崇拜 …………………………………… 43

第二节　原始图腾崇拜与自然物崇拜 …… 50
第三节　山哈做生　华老做死 …… 55
第四节　祷祝平安的岁时节庆 …… 61

第四章　畲乡风情别样美 …… 66
第一节　歌声在山乡荡漾 …… 66
第二节　传唱的文学 …… 70
第三节　奇趣的畲家习俗 …… 73
第四节　男人的武功　女人的衣装 …… 85

第五章　盘蓝雷钟一家亲 …… 92
第一节　莫嫁阜老做妻人 …… 92
第二节　畲家的婚礼 …… 98
第三节　以父系为核心的家庭 …… 104

第六章　枝繁叶茂的民族 …… 110
第一节　畲族人口总量的变化 …… 110
第二节　高生育率　高人口寿命 …… 117
第三节　迈向现代化的畲族人口 …… 123

第七章　独特的山区经济 …… 130
第一节　披荆斩棘　开发山区 …… 130
第二节　猴墩茶人——闽东畲族茶商的奋斗史 …… 139
第三节　独特的畲乡经济标识 …… 145
第四节　畲族当代经济的转型 …… 150

Contents

Summary ············ 1

Chapter I Descendents of the Panhu ············ 5

Section I Origin of the She Nationality ············ 5

Section II Migration of the She People ············ 12

Section III Beautiful Landscape of the She's Homeland ············ 18

Chapter II Sense of Clan ············ 27

Section I Clans of the She Nationality ············ 27

Section II Memorial Temples and Customs ············ 31

Section III Lan Clan of the She Nationality ············ 37

Chapter III Belief and Rituals …… 43
Section I Ancestor Worship …… 43
Section II Totemism and Nature Worship …… 50
Section III Worship Ceremony …… 55
Section IV Traditional Festivals …… 61

Chapter IV Cultures and Customs …… 66
Section I A Nationality Skills in Singing …… 66
Section II Traditional Music of the She Nationality …… 70
Section III Traditional Customs …… 73
Section IV She's Kongfu and Costumes …… 85

Chapter V Marriage and Family …… 92
Section I Preparations for Marriage …… 92
Section II Marriage Ceremony …… 98
Section III The She Families …… 104

Chapter VI Development of the Population …… 110
Section I Population Change of the She Nationality …… 110
Section II High Fertility Rate and Long Life Expectancy …… 117
Section III The She Nationality Towards Modernization …… 123

Chapter VII Economy of the She Nationality …… 130
Section I Agricultural Development …… 130
Section II Tea Industry of the She Nationality …… 139
Section III A Symbol of Unique She's Economy …… 145
Section IV Reform of She's Economy …… 150

概　述

畲族是中国东南地区世居少数民族，散居在福建、浙江、安徽、江西、广东等省境内，其中75%以上居住在福建、浙江广大山区。1964年第二次全国人口普查，畲族有了历史上第一个正式的、较为准确的人口数据——234 167人。2010年第六次全国人口普查，畲族统计人口有708 651人。

先来为主，后来为客。畲族自称“山客”、“山哈”，这种自称与他们不间断的迁徙历史有关，“山客”就是指山里客人的意思。畲族在历史上一直没有统一的族称，汉族史籍有关的记载也十分混乱，一般称为“南蛮”、“百越”、“峒僚”或“畲瑶”等。畲族不但一直没有正式的、能被畲族认同的族称，甚至还被认为不是一个单一的少数民族。中华人民共和国成立以后，党和政府对中国少数民族工作十分重视。1953年，由国家民委派出畲族民族识别调查小组，分赴浙江景宁县，福建罗源县、漳平县进行畲民族识别调查，在确认身份后，以尊重本民族意愿和遵循“名从主人”为原则，1956年由国务院正式公布确认，“畲族”就成为法定的族称，从根本上结束了历史上族称混乱的现象。

限于史料，关于畲族的来源，学术界尚无定论，但多数学者倾向于畲族是由武陵蛮的一支发展而来的，畲族与瑶族有比较近的亲缘关系。

隋唐时期，闽、粤、赣三省交界地区已成为畲族先民的主要生活区域，他们把广东潮州凤凰山视为民族的圣地。唐王朝在畲族地区设治，“劝农桑，定租税”，要求畲民“纳贡赋”，封建地租开始出现，畲族地区形成较为稳定的社会经济生活形态。直至两宋时期，畲族的活动地域基本上仍在原有的聚居区内，《漳州谕畲》所记载的“畲事”即是对宋代闽南畲族地区政治、经济较为典型的描述。

宋末元初，战乱频仍，畲族迁徙范围扩大，移民的路线错综复杂。这个时期的移民相当部分是军事性质的移民，最有代表性的是陈吊眼、许夫人、钟明亮等率领的多支抗元畲军，转战于漳州、潮州、泉州、汀州、赣州等地，许多畲民随军成为屯守移民。

明清时期是畲族大量迁往汉族地区，并最终形成“大分散，小聚居”分布格局的重要历史时期。史书和地方志中关于畲民的记载也大都体现在这一时期。

畲族“随山散处，刀耕火种，采实猎毛，食尽一山则他徙”，有抛荒和轮作的生产习惯。明朝实行“招集流亡，劝农兴学”政策，颁布法令，鼓励垦荒并废除了名目繁多的苛捐杂税，这一举措促使畲民所居深山旷野得到进一步开垦。清顺治初年，制定了一系列措施，招徕百姓垦荒，这使得“流浪”山区、寻找机会垦种的广大畲民即刻成为当地官府招徕的对象。这个时期畲族地区的社会经济生活相对比较安定，迁移主要是基于畲族山地游耕的传统，这种迁徙的速度缓慢，迁徙的方式以家庭或家族中若干成员为单位徐徐而行，迁往相对地旷人稀的汉族地区。随着安家山野，自成村落，畲族的山地游耕逐步改为山地定耕。

“结庐深山，聚族而处”，畲族村寨多以血缘相近的同姓族人聚合而居，整个村寨以单纯的家庭血缘纽带维系。“宗祠”既是畲村的物质实体，又是村民宗族观念中的精神实体。畲族的传统观念中，始终认为本民族四大姓，即盘、蓝、雷、钟本为一家人。畲家人还认为，畲族曾经有四姓“总祠”，这种总祠观念表明畲族“民族即家族”的泛家族思想。一般某个区域血缘相近的同姓畲族都有自己共同的祠堂，又称为同姓“祠堂”或“公祠”。“公祠”是供奉某个区域肇基祖及其列祖列宗。畲族的宗族组织是从总祠到公祠，再到私祠，直至每个家庭的血缘结构组织。

清末民初，畲村出现称为“社”的社会组织。在某些畲族较为集中的地区，畲村均有“社”，各地的“社”之间还联合为“总社”。与此相类的畲族社会团体还有“会”，如“路会”、“桥会”、“谷会”、“禁山会”、“狮灯会”等。清光绪年间，畲民在福建霞浦设立“山民会馆”，民国初年改为“三明会馆”。三明会馆解决畲民族内纠纷；为畲民代写诉状、代打官司，维护畲民权益；为往来畲民提供信息沟通渠道；适时救济遇天灾人祸的族人，在闽、浙两省畲民中有着广泛的影响。1946 年，三明会馆成为官方注册认定的“苗夷民族之公益团体组织”。

畲族标志性的信仰是盘瓠崇拜，这一古老的图腾崇拜与畲族的起源和发展相伴随。畲民中还存在原始的宗教形式，如自然物崇拜，这种源于悠远年代的崇拜在今天的畲民中仍然可以见到，农作物中有谷神、谷娘、谷仙子、种子仙、稻秧仙、青稻仙、黄稻仙等；居住地附近的自然物有“异象”的，也常被当做神灵供奉，如树神、石神等。

畲族重视祖先，畲家的祭祖仪式包括祭祖、请祖、奏名传法、招兵等，仪式进行过程举族动员，数村呼应，气势宏伟，气氛庄严，是一种民族凝聚力的显示。祭祖仪式体现了畲族对民族传统意识的承续、对历史的缅怀和对现实的祝福。畲族的祭祖仪式虽然具有神秘性，但也洋溢着世俗的色彩。

畲族人崇拜凤凰。每逢喜庆，畲民总是庄重地在居屋正厅的壁上或梁上贴上“凤凰来仪”、“凤凰至此”的条幅，或“凤凰朝阳”的图画。畲族妇女的装扮被称为“凤凰装”：红头绳扎的长辫高盘于头顶，象征着凤头；衣裳、围裙上用大红、桃红、杏黄及金银丝线镶绣出五彩缤纷的花边图案，象征着凤凰的颈项、腰身和羽毛；扎在腰后，随身飘动的金色腰带头，象征着凤尾；佩在全身，银饰叮当作响，象征着凤鸣。

畲族善歌，以歌传言，能歌为荣。畲歌生根在畲族人民深厚广阔的生活土壤之中，一代又一代地传承、发展、繁荣，覆盖着畲族的文化生活领域。“盘歌”是畲族男女青年谈情说爱的一种方式，畲族男女青年在劳动中、唱歌中找对象，定下终身；“盘歌”还是族亲联谊的一种文娱活动，每逢节日和喜庆之时，畲家村寨山歌此起彼落，歌声萦绕山野。

畲族主要分布在中国东南部的山区或半山区，这里风光奇异灵秀，气候温和湿润。畲族地区物产资源丰富，农作物品种繁多。畲区盛产林木和毛竹，其中栓皮栎、檫树等树种世界稀有，土特产和名贵药材以及各种水果非常丰富；畲区茶叶、景宁香菇，久负盛名，行销海内外；畲乡深山密林中还蕴藏着大量的珍禽异兽和未探明的矿产资源。

地处中国经济最发达的长江三角洲和珠江三角洲之间过渡地带，天然的区位优势和自然地理优势为当代畲族民族经济的发展，提供了得天独厚的外部环境。创汇农业和旅游业带动了畲区经济的转型，对当代畲族民族经济的发展产生了重大影响。畲族经济已经完全摆脱了自然经济的束缚，一批白手起家的畲族企业家开始聚焦市场，并“破茧而出”，成为地区经济舞台上的新生力量。

畲乡人把保护好自己的绿色家园看得和生命一样重要。经济发展了，百姓富裕了，而畲乡的山依旧是那么的绿，水依旧是那么的清。碧水蓝天、绮丽景色、多彩文化，正吸引着无数“山外人”好奇的目光。

第一章

盘瓠的子孙

在中国东南部的福建、广东、江西 3 省的交界处，莽莽万重山，苍翠的山野与天穹浑然一色，这里曾经天鸟飞绝、人迹罕至。在古代，封建中央王朝的统治触角延伸到这里之前，一个自称“山客”、“山哈”的古老民族已经生活在以广东潮州凤凰山为中心的区域。

第一节 “忠勇王”与凤凰神山的传说

公元 7 世纪初的唐代，为了加强对福建漳州、广东潮州一带的统治，朝廷派河南固始人陈政、陈元光父子率军进入这一地区。唐军到达潮州，引发当地土著的反抗，虽然唐王朝最终控制住了这片区域，陈氏父子却在平定“蛮僚”的战斗中，一染疾不治，一伤重而亡，先后身埋异乡。这些当时被汉人称为“蛮僚”的人，就是今天畲族的先民。

那么，“蛮僚”又是源自何方？先来听听畲家人自己的叙述——

一、畲族史诗——《高皇歌》

畲族没有本民族文字，他们的历史是靠一代代人的口口相传得以保存下来。在畲族祖辈相传的口述史中，民族历史歌谣——《高皇歌》在各个畲族聚居区经久不衰地传唱。《高皇歌》颂扬畲族始祖盘瓠传奇的一生，记叙盘瓠子孙早期的生活和迁徙。

1. 盘瓠传说

《高皇歌》的前半部是民族起源的神话传说。故事讲述的是上古五帝之一的高辛帝帝喾执政时期，高辛皇后耳痛了 3 年，后从耳中取出一虫，育于盘中，后变成龙犬，高辛帝赐名龙期，号称“盘瓠”。

犬戎国兴兵来犯，高辛帝下诏求贤退敌：“谁能斩番王头，就把三公主嫁他为妻。”龙犬揭榜后即往敌国，乘番王酒醉，咬断其头，回国献给高辛帝。高辛帝因他不是人形而想悔婚。盘瓠作人语说：“将我放在金钟内，七昼夜可变成人。”盘瓠入钟 6 天，公主怕他饿死，打开金钟，见他身已成人形，但头未变。迫于无奈，高辛帝只好将他招为驸马，于是盘瓠与公主结婚，并赐封“忠勇王”。

婚后盘瓠不愿为官，不贪图享乐，携妻辞别繁华的京都，入居深山，以狩猎和山耕为生，过着自由自在的日子。他们婚后生下三男一女。20 年后，夫妻回到京都拜见高辛帝。高辛帝见驸马的 3 个儿子个个长得身材魁梧，甚喜，欣然为其赐姓。高辛帝见其长子手托着竹篾编成的工艺盘子，灵机一动，就赐盘姓，名自能；见二子手中提着藤编的篮子，取其谐音，就赐姓蓝，名光辉；刚要给其三子赐姓时，上天响巨雷，高辛帝视为天意，就赐姓雷，名巨佑；一女，赐名淑玉。高辛帝分别给他们赐地和封号：长男盘自能，封武骑侯；次子蓝光辉，封护国侯；三子雷巨佑，封立国侯；女婿钟志深，封敌国侯。就这样，盘瓠的后代盘、蓝、雷、钟成为畲族的四大姓氏。

“盘瓠传说”并非只有畲族的《高皇歌》一个版本，早期的汉族典籍《后汉书》、《搜神记》等，也记述了这一传说，其内容与《高皇歌》大同小异，这说明至少从汉代起，就流传着关于盘瓠的神奇传说。神

畲族祖先盘瓠故事绘图 （王苗摄）

奇、机智、勇敢的盘瓠是畲族起源的神圣信仰，也是畲族认同的核心标志。后来散布各地畲族的祭祀活动、民族歌舞、艺术、服饰、建筑都与盘瓠有着密切的关系，甚至于历史上长期的生活形态，也与盘瓠传说密切相关。

2. 凤凰神山

凤凰山是畲族历史叙述的起点，也是共同认可的起源地。无论是畲族的历史歌谣、祖图以及后期的文书和谱牒，所有的历史证据都不约而同地指向凤凰山，认为此处是各地畲族的共同祖居地。

畲族的历史与山不可分离，山是畲民生产生活的依靠，也是他们先祖的埋葬地。征番立功、开基凤凰，是《高皇歌》写实叙事的开头和主题，福建、浙江的畲族在这一主题下，分叙后来各支脉的发展：“忠勇王”没有留恋荣华富贵，为了自由的生活，毅然再次离开都城，带着全家人到广东凤凰山垦山狩猎，繁衍子孙。盘瓠在一次外出狩猎时，不慎被山羊用角顶至悬崖边，失足跌落山崖身亡。尔后，三子一婿遂散布粤、闽、赣等地繁衍生息。

在隋唐以前，甚至是汉晋时期，畲族先民就迁徙到广东潮州凤凰山一带。畲族如何到了粤东凤凰山？这段记忆在畲民中已烟云飘散，这段迁徙成为历史的一个谜题。那么，为什么今天分处各地的畲族认同闽、粤、赣交界处的凤凰山是民族发祥地呢？最主要的原因是，这里曾经是他们祖先长期生活的区域，畲族清晰地留下了凤凰山是民族发祥地的远古记忆。

凤凰山，以美丽吉祥的凤凰鸟命名的圣山，是赋予万物生灵充满生机活力的神奇土地，她孕育了畲民族，是70万“山客”神往的圣地。凤凰山地处广东潮安县北部，由大大小小几百座山峰组成，群峰竞秀，万壑争流，银瀑飞泻，林木茂密，山花遍野，气候宜人，奇石幽洞众多。主峰凤凰髻海拔1497米，是粤东第一高峰。凤凰山地区现今仍有畲族3000余人，碗窑、山犁等畲村依然保留着传统的生活方式和风俗习惯。

盘瓠王葬于凤凰山，民族的传奇结束于此；后代畲民从凤凰山出发，奔向远处的其他山岭……

二、畲、瑶同出洞庭湖

畲族的民族史诗留给了世人神话般的历史传说，也留下了研究畲族族源的线索。

除了凤凰山，还有一座民族圣山也经常出现在畲族人传唱的歌谣、记录的族谱、祖图、敕谕文书之中，那就是会稽山。在畲族的历史记述中，会稽山比凤凰山还来得古老。畲族的《敕赐开山公据》记载：“大隋五年五月十五日，给会稽山七贤洞《抚瑶券牒》。”在畲族的历史语境中，他们的会稽山位于潮州，与浙江著名的会稽山不是同一座山。在畲族的祖图中，“祠图”中把会稽山绘在凤凰山一带；位于凤凰山中

的盘瓠祠的背景是："前至雷家坊，后至观星顶，左至会稽山，右至七贤洞。"

有趣的是，瑶族古文献也有"会稽山"，那是他们南下之前的祖地，位置大约是在湘西的五溪地区，与浙江的会稽山也截然不同。"会稽山"与畲、瑶二族皆有关系，这可作为畲瑶同源的一个佐证。然而，"会稽山"也是畲瑶走不同的民族演变之路的分野点，虽然二者先祖的祖地都在"会稽山七贤洞"，但在此时，畲族已逐渐将自己这一支系从庞大的瑶族族系里分离出来，把会稽山置于凤凰山之中，为"盘蓝雷钟在广东，出来原来共祖宗"的"独树一帜"埋下伏笔。

畲族流传一种汉文文献，称为《抚瑶券牒》或《开山公据》。《抚瑶券牒》是当时的统治者在畲族南迁时颁发给他们的命令。《抚瑶券牒》几乎在各地畲族的族谱中都可以见到。瑶族的部分支系也笃信盘瓠，信奉盘瓠的主要是盘瑶（也叫"过山瑶"、"顶板瑶"）。盘瑶人数众多，约占瑶族总人口的一半，分布在湘南、桂东北、粤北等地。盘瑶长期以来流传一种汉文文献，叫《评皇券牒》或《过山榜》，其中有两个基本内容：一是盘瓠传说，二是不纳赋税。畲族的《抚瑶券牒》和盘瑶的《评皇券牒》的内容基本相同，都记叙了祖先起源、姓氏来源、祖先迁徙以及跟官府、汉民的关系，关键词句都是：始祖盘瓠揭皇榜取敌首级，立奇功为驸马；皇帝赐盘瓠子孙券牒，青山耕猎，永无赋役。《抚瑶券牒》和《评皇券牒》的惊人相似性，辅以史籍中畲、瑶并称，畲、瑶的"盘、蓝、雷"相同姓氏，以及比较接近的语言等，给了我们一个答案：畲、瑶曾经在同一族体之中。

由于瑶族传说中的盘瓠居住地在湖南武陵一带的武溪（今属于湘西地区），如此，畲族的族源可以上溯到汉代的武陵蛮（也称五溪蛮）。与瑶族同源于"武陵蛮"的畲族，其先民与瑶族先民一样，与洞庭湖水结下深情，不过，后来他们都离开了。

进入闽、粤、赣交界地区的“武陵蛮”，只是形成当时畲族先民的一部分，并非畲族先民全部。原湖南“武陵蛮”的一支从湘北逐渐南移后，从湘东进入赣南。在赣南停留了较长时间后才进入粤东、闽西一带，这些在畲语的语言留痕里可以发现，江西大余、赣县等地客家话中都保留了一些畲、汉语言交融的痕迹。这支“武陵蛮”进入闽、粤、赣交界地区后，跟原来已生活在那里的古越人后裔融合，成为隋唐时期的“蛮獠”、“洞蛮”。

三、以火烧田称为“畲”

畲族自称“山客”、“山哈”。“山哈”是指山里客人的意思。先来为主，后来为客。畲族自称“山哈”，与他们的居住环境、迁徙历史有关。

千年山哈剧照　（张斌摄）

最早出现“畲民”称呼的，是南宋刘克庄写的《漳州谕畲》一文，其中说道：“畲民不悦（役），畲田不税，其来久矣。”另外，南宋名臣文天祥的《知潮州寺丞东岩先生洪公行状》也有：“潮与漳、汀接壤，

盐寇輋民群聚。”这里提到的“畲民”和“輋民”，指的是同一个民族，前者是福建畲族，后者是广东畲族。

“畲”字反映出畲族的山居特点。古代，畲族大多依山而居，以火田畲耕和狩猎为生是这个民族富有特色的生产和生活方式。以“畲”字作为畲族的族称，既有历史记载的来源，又有较为贴切的内在含义。“畲”字在汉文史书里很早就出现了，《诗经》把它解释为“刚开垦出来两三年的新田地”，《周易》理解为“用火烧田”，也就是指将田里的杂草烧去。唐宋以及后来的史家，都沿用“用火烧田”来解释“畲”字。唐代的两位大诗人刘禹锡和李商隐都曾经用“畲”字赋过诗。刘禹锡《竹枝词》写道：“山上层层桃李花，云间烟火是人家。银钏金钗来负水，长刀短笛去烧畲。”生动地描绘了山中畲耕妇女的服饰和生产劳动的特征。李商隐的《赠田叟》一诗也有“烧畲晓映远山色，伐树暝传深谷声”之句，畲耕的情景从诗中跃然而出。

畲族在历史上一直没有统一的族称，汉族史籍有关记载也十分混乱，一般称为“南蛮”、“百越”、“峒僚”或“畲瑶”等。历史上各个时期，民间对他们的称呼也极不一致。在元代，使用“畲军”、“畲兵”和“畲丁”等称谓；明清以后，闽、浙各地有以“畲民”、“畲人”和“畲客”称呼的；广东、江西有以“輋户”、“輋蛮”和“山輋”称呼的；在民国时期，还有称其为“苗族”、“瑶族”、“瑶僮”和“苗民”等，不一而足。畲族不但一直没有正式的、能被畲族接受的族称，甚至还被认为不是一个单一的少数民族，有认为是瑶族、苗族，更有早期的民族学者认为畲族是汉族的一种。

中华人民共和国成立以后，党和政府对少数民族工作十分重视，1953年，由国家民委派出畲族民族识别调查小组，分赴浙江省景宁县，福建省罗源县、漳平县进行畲民族识别调查，这也是全国民族识别工作派出的第一个调查组。在确认这个古老民族的少数民族身份后，以尊重本民族意愿和遵循“名从主人”的原则，1956年由国务院正式公布确认，从此，“畲族”就成为法定的族称，从根本上结束了历史上族称混乱的现象。

第二节　依山而迁　散布东南

畲族的迁徙与经济生活方式有着密切的联系。畲族古时是“随山散处，刀耕火种，采实猎毛，食尽一山则他徙”，一般两三年就迁徙别处。畲族游耕式的徙居方式并不是有组织进行的，而是在自发状态下发生的。畲族分散式的迁徙犹如滴水成河，最终形成大规模的迁徙。

畲族在历史上的迁移活动大体可以分为前后两期，前期为隋唐和宋元两个阶段，后期为明、清两个阶段。

一、“蛮僚”的归化

隋唐时期，畲族活动区域基本上局限在闽、粤、赣三省交界的地区——即九龙江以西的广大山区，这里是畲族先民——“蛮僚”的出没之地。这个时期的畲族先民主要在漳州、汀州一带活动。六朝以后，畲族的先民就出现在粤东到九龙江流域以南地区，唐时畲族已分布在粤东、闽西和赣南地区。

从历史记载来看，唐代的“蛮僚啸聚”、“黄连峒蛮二万围汀州”和“峒蛮”苗自成、雷万兴、蓝奉高等畲民起义，都发生在这个地区。经过唐王朝的屡屡镇压，不少畲民被迫离散逃亡到附近的深山密林。陈元光任漳州刺史时，为缓和阶级矛盾，建设漳州成为“安仁”之区，十分重视招抚畲族，对逃移盘陀诸山洞的畲族，派人开山辟道，剪除荆棘，将他们招抚出来，移散各地的畲民纷纷“归附”。陈元光对这些“归附”的畲民，编集在册，使其聚居一起，谓其聚居地为“唐化里”。

这个阶段畲族主要是在漳州、汀州地区的局部范围内进行短距离的移动。畲族先民在闽、粤、赣结合部地区，和汉族一起使林木阴翳、荆棘丛生的荒地，“渐成村落，拓地千里”。

到了五代时期，王潮、王审知兄弟率领的中州部队到达漳州后，又率部攻打福州，畲民也参与其中。在畲族移民史中有一条重要的史迹记载于闽、浙两地各姓畲族的谱牒中，即唐光启二年（886 年），畲族各姓祖先曾为闽王王审知的向导官，沿东海之滨北上，从福州一带的连江、罗源登岸，有的就地落籍，有的陆续迁往闽东、浙南各地。

二、元代的屯守移民

宋末元初，战乱频仍，畲族迁徙范围扩大，移民的路线错综复杂。这个时期的移民相当一部分是军事性质的移民。

南宋末年，畲族人民组成“畲军”参加文天祥、张世杰等领导的闽、浙沿海地区的抗元武装斗争，宋亡后被迫流徙各地。最典型的当属陈吊眼、许夫人、钟明亮等人领导的以畲族为主体的反元义军，数以万计的畲族大军转战于闽、粤、赣三省的漳、潮、泉、汀、赣诸州，义军被镇压后，这些畲族或留居当地，或散迁他处。

元至元十三年（1276 年）陈吊眼自漳浦举义，率领数以万计的畲族人民，到处攻城拔寨。义军到达泉州，配合文天祥、张世杰共讨蒲寿庚。陈吊眼的行军路线是由漳浦—漳州—安溪—泉州。与此同时，潮州畲民许夫人率领诸峒畲户配合陈吊眼，共讨蒲寿庚于泉州。许夫人的行军路线是由潮州—云霄—诏安—漳浦，在漳浦与陈吊眼会师后到达泉州，后遭元军镇压而退回漳浦千壁岭驻扎。此时，与闽南义军遥相呼应的建宁政和人黄华在闽北举义旗，许夫人又率畲军转战闽北，汇入黄华义军的队伍。许氏行军路线取道沿途义军力量较为活跃的闽西到达闽北。她的行军路线是漳浦—漳州—汀州—南平—邵武先西向而后折北潜行。

钟明亮于元至元二十三年（1286年）在广东的循州举义，转战于福建的漳州、汀州以及江西的赣州等地，泉州、龙溪、汀州、南平、赣州、吉安等地畲民热烈响应，出现了“拥众十万”的钟明亮义军，声势“摇数郡”。这支义军的移动路线是广东循州—福建漳浦—漳州—汀州—江西赣州。

畲民随抗元义军转战各地而迁移，纯属军事行动的性质。抗元义军最终被元朝所镇压。元朝对畲民所采取的善后政策是：诏令福建黄华畲军中有恒产者为民，无恒产与妻子者编为守城军；设立屯田，招陈吊眼等余党入屯，与军人一道耕种。所以，元代的畲民依然还是以军屯的形式进行生产生活。

三、明清的大规模东迁

明清时期是畲族大量迁往汉族地区，形成目前分布格局的重要历史阶段，史书和地方志中关于畲民的记载也大都出现在这一时期。

这个时期畲族地区的社会经济生活相对比较安定，畲族的迁移主要基于畲族山地游耕的传统习俗，是在自然状态下发生的，分散式的迁徙犹如滴水成河而形成大规模的迁徙。这种迁徙的速度缓慢，方式以家庭或家族中若干成员为单位徐徐而行，迁徙的取向是相对地旷人稀的汉族地区。

明清时期畲族迁移的路线比较复杂，大体上是从漳州、潮州地区迁出，沿海岸线经泉州、福州，然后，或从连江、罗源进入宁德、福安、霞浦、福鼎，或从闽侯进入古田、屏南和宁德一带。进入闽东后，一部分畲民继续北迁，散居浙南温、处两州（今温州、丽水两市）各县，其中有部分又回迁闽东。

闽东是畲族迁徙活动的重要地区，一方面，这里是许多畲族的最

后定居地；另一方面，它又是浙南畲族迁徙的中转站，最终形成了闽东、浙南交界区域畲族的主要生活区域。

根据闽东现有畲族谱牒统计，从唐至清，畲族蓝、雷、钟三大主姓共有74支迁入闽东，其中唐代2支，明代30支，清代42支。畲民大批迁入闽东是在明清时期，尤其以明万历年间至乾隆中期这200年最为集中。从大量的畲族族谱记录，我们可以看出当时畲民迁入闽东的状况。明洪武二十八年（1395年），有雷姓畲民由罗源北岭迁福鼎十四都白琳大旗坑牛埕下，这是有明确时间记载的进入闽东的第一支雷姓畲民。此外，比较重要的还有福安后门坪雷姓，明成化二年（1466年）从福州方向转迁而来；宁德猴墩雷姓，明万历元年（1573年）从罗源迁入；霞浦水门茶岗雷姓，清乾隆元年（1736年）从浙南迁入。闽东最主要的一支钟姓畲族是“大林钟”，该支派于明正德十一年（1516年）迁福安大林，后来大林钟氏宗祠就成为闽东钟姓畲民共祀的祖祠。明中期以后蓝姓畲民也开始大批进入闽东。较早的有宁德飞鸾葡萄坑蓝姓，于明嘉靖十九年（1540年）自罗源八角井迁入。此外，比较重要的还有福安穆云溪塔蓝姓，明万历年间（1573～1620年）自寿宁迁入；霞浦青皎牛岭蓝姓，明天启元年（1621年）自罗源迁入；霞浦崇儒上水蓝姓，明崇祯九年（1636年）自浙江泰顺迁入。

清乾隆后期（18世纪后期）以后，畲族入迁闽东的历史基本结束。有学者推算，乾隆后期，闽东地区内有畲民4万多人，其中福安县就有约14 000人。清光绪十年（1884年）编修的《福安县志》记载，“各都畲民村居”共有209个。

闽东畲村大多分布在濒海的山区或半山区，这个地带不论是畲村数量还是畲民人数都堪称中国第一。为什么畲民会在清代大量地移民至此呢？这里有一个重要的历史原因。

清顺治十八年（1661年），清政府为了封锁占领台湾的郑成功，实行海禁，强迫沿海居民内迁 30 里，造成沿海地区大面积的耕地抛荒。直到康熙二十二年（1683 年），清军平定台湾，郑克塽归顺，方停止迁界令。复界之初，清政府鼓励开垦田土，免三年租税，优惠的政策和大片的荒地吸引了一部分先期居住闽东、浙南近海山区的畲民。他们加入到复界垦荒的行列，一直延续到乾隆时期。今福安的甘棠、下白石、湾坞、溪尾，福鼎的桐城、前岐，霞浦的牙城、水门，以及宁德的七都、飞鸾等沿海乡镇的许多畲村都是在这一时期形成的。

此外，经过闽东世代百姓长期围海造田的努力，形成了闽东最大的平原——“闽东第一洋”。这个富庶而又充满温情的地方，其优越的自然条件和温良的民风吸引了畲族新移民。畲族进入闽东后，与当地汉族的交往日益频繁，他们从汉族农民身上学到了许多农耕技术；他们从附近汉族社区引进锄头、犁耙、砍刀等铁制农具，生产效率大大提高；他们亲眼看到并且亲身体会到男耕女织、自给自足农耕生活的安定，于是不再留恋昔日的“游耕”，从而开始了择地定居、以农为业的尝试。

明末清初，畲族在闽东地区定居落籍之后，官府对畲民一直采取“无为”态度，并禁止基层官吏骚扰他们。乾隆初年，闽东各县地方官府对畲民先后实行编甲，畲民被编图册、隶户籍，编户纳粮，标志着他们正式告别了原始游耕时代，开始了定居农业的历史进程。

畲民在漫长的流徙过程中，每经过一个地方并没有全数迁走，迁走的只是一部分，其余仍在原处安居下来，故迁移沿线都有畲民居住。这样一来，畲族的分布越来越分散，后来的许多畲村大多是由一人一户繁衍而来的。畲族就是这样形成了今天的“大分散、小聚居”的分布格局。

四、渡海移民台湾

明清时期，畲族的主体部分已经东移，祖居地汀州、漳州只留下

少量的畲民。一代又一代，薪火相传，漳州地区漳浦县赤岭“种玉堂”蓝姓畲族已繁衍成一个大家族。随着人口的大量增加，“种玉堂”蓝姓不但从赤岭扩展至湖西，更有一批人或随军或与人结伴渡海到了台湾。

明朝末年，一批蓝姓反清志士跟随郑成功到台湾，当时在郑成功的军队中就有蓝凤、蓝登、蓝衍等一批蓝姓将军。他们跟随郑成功驱逐荷兰侵略者，收复祖国宝岛——台湾，之后便屯兵台湾，垦荒种粮。据台湾《蓝氏族谱》记载，蓝姓最早来台的是郑成功时代漳州人蓝凤，开垦台南大康村；继而有广东籍的蓝益海于康熙年间定居淡水，雍正年间有蓝天秀入垦蓝益兴堡；雍正四年（1726 年），漳浦籍的蓝仲入垦里港；乾隆年间，蓝爱入垦台南东山，蓝寒入垦南投漳浦寮，蓝承显、蓝承略兄弟入垦台北内湖，蓝文全入垦台北双溪，蓝崇德后裔入垦宜兰罗东，蓝仕元迁居台南。此外，在乾隆年间还有诏安县蓝永元入垦台中市，平和县蓝天日入垦基隆市。

清康熙二十二年（1683 年），靖海将军施琅奉朝廷之命，收复台湾，施琅以蓝理为先锋。康熙六十年（1721 年），朝廷派蓝廷珍为提督，平定台湾朱一贵反清起兵。乾隆四十九年（1784 年），以蓝元枚为提督，平定林爽文叛清。在收复和平定台湾时，每次都有一批蓝姓族亲随军参战到台湾。一部分的蓝姓将士看到台湾土地肥沃、雨量充沛、人口稀少，且土地大量荒芜，在战后便主动留在台湾，并在此地落籍。

这些留居台湾的蓝姓拓荒者在每次回家乡探亲时，再组织宗亲到台湾开发。他们聚族而居、繁衍后代，形成迁台蓝姓的主要聚居区。在台湾比较集中的蓝姓聚居区有 3 处：南投市的凤山里、嘉义县梅山乡安靖村、彰化县社头乡。为表示对祖先和故土的纪念，取“漳浦”的谐音，将最初的垦荒所在地，命名为“樟普寮”。

这些蓝姓宗亲，大部分属漳浦“种玉堂”蓝氏的后裔。据《台湾姓氏研究·蓝氏姓考》记载："清代，蓝氏族人渡海来台者以福建漳浦为最众。"他们分别居住在台北、高雄、宜兰、屏东、南投、桃园、嘉义、新竹、彰化等县市。经过世代的生息繁衍，台湾蓝氏宗族不断扩展，如今在台湾，蓝姓宗亲已有5.6万多人，其中，仅蓝鼎元的后裔就数以万计。

第三节　山上层层桃李花　云间烟火是人家

畲族人口主要分布在中国东南部，畲族山乡好似一盘散落的珍珠，星星点点，遍布在闽、浙、赣、粤、皖等省的山地、丘陵。畲乡气候温润、物产丰富、风光灵秀。

一、气候温暖湿润　物产资源丰富

畲族主要居住地——闽东、浙南地区的气候属于亚热带季风气候区，受海洋性气候的影响很大，温暖湿润，四季常青，年平均气温在16℃左右，冬季霜期短、少下雪。各地畲族所处的地理环境不同，又有一定的差异。畲族人口最多、最为集中的闽东地区，年平均气温14.7～19.3℃，1月平均气温4.8～10.4℃，7月平均气温24～28.4℃，年降雨量1506～2070毫米。

畲族地区溪流折绕。溪流集诸山之水，从深山峡谷中跌宕奔流而出，汇入闽江、瓯江、汀江。闽江源于武夷山，流经福州，注入东海。瓯江源于龙泉溪，汇丽水大溪与青田小溪后，流经温州，注入东海。闽江、瓯江、汀江等江河，江水绵长、流域面积广，为畲族地区的水运交通提供了便利条件。

畲族地区物产资源丰富，农作物品种繁多。稻谷有面稻、光稻、早晚稻、六月黄、八月白、早晚糯、重阳糯、师姑早、大早、小早、无芒秫、麻子秫等。还有“山稻”，又称“畲米”，米质上乘，煮食味香。畲民在近山之地普遍种植甘薯、芋头，产量高，是畲民不可或缺的粮食作物。闽东畲族地区盛产稻谷、甘薯，茶叶、油茶产量居福建省首位。

畲族地区林区面积大，树木种类多，常见的有松、杉、樟、楠、柏、桉、青冈栎、泡桐、竹等，还有世界稀有的珍贵树种——检皮栎、檫树和柳杉等，木材蓄积量以松、杉为最大。景宁畲族自治县的森林资源特别丰富，据不完全统计，木本植物有1552种，其中有利用价值的为1469种。用材林有松、杉、杂木等，经济林有厚朴、茶叶、油桐、油茶、柑橘、乌桕、雪梨等。闽北畲族地区也是中国重要的林区之一，素有“绿色金库”的美称。畲乡土特产以香菇、茶叶、蓝靛最负盛名。香菇在闽、浙畲乡普遍培植，明代起曾列为“贡品”。茶叶是畲村普遍种植的经济作物，有许多品牌畅销国内外。此外，广袤的畲山还出产珍稀名贵中药材和多种美味水果。

春满畲山　（李华玲摄）

畲族山区地下矿藏有铁、煤、金、铜、钼、明矾、石墨、石膏、硫黄、滑石、云母石、瓷土等。有些矿藏的储量相当丰富，如业已探明的景宁畲族自治县的包山、敕木山铁矿，总储量为400万吨；三枝树的钼矿，储藏量达10 000多吨。根据福建省地质局调查，闽东畲族地区地下还埋藏有方铅矿、闪锌矿、辉钼矿、黄铁矿、磁铁矿和镜铁矿等多种矿石。

二、山地、丘陵遍布畲乡

畲族居住地，山峦起伏，丘陵密布，海拔1000米以下丘陵、山地占90%，山脉走向由东南至西南，总体地势由西北向东南沿海倾斜。

福建省境内山岭耸峙，丘陵起伏，河谷与盆地交错，山地和丘陵约占全省总面积的90%以上。畲族人口主要分布的地区，分别位于闽东山地、闽西南山地、闽西北山地和闽东南丘陵区，这些地区海拔在200～500米的丘陵约占一半。位于闽西北山地的黄岗山，海拔达2158米，1000米以上的山峰连绵不断。在有畲民分布的市、县中，宁德市的周宁县，是海拔最高的县，在1000～1500米之间。

浙江省境内畲族人口主要聚居的丽水、温州、金华、衢州等地，位于浙南山地、浙西低山丘陵、浙东低山丘陵和金衢盆地。这些地区低山丘陵连绵，海拔在200～1000米之间。浙南山地包括仙霞岭、洞宫山、雁荡山、括苍山等山脉，其中最高峰黄茅尖达1921米，位于浙南山地的景宁畲族自治县海拔在1000米左右。

江西省三面环山，地势渐次向鄱阳湖倾斜，畲族人口主要集居的赣州地区、上饶地区、吉安地区、抚州地区，位于赣东、赣南山地、赣中丘陵和赣东北山地，这些地区的丘陵和山地海拔一般在300～600米和1000～1500米之间，最高峰达2000余米。

广东省畲族人口相对集中的韶关市、河源市、潮州市，分别位于粤北山地、粤东南丘陵和珠江三角洲地区。粤北山地地形复杂，平地

较少，海拔在1000～1500米之间，粤东南丘陵海拔在1000米左右。

从以上4个省畲族人口垂直分布情况看，广东省的畲民相对分布海拔落差小，江西与浙江的60%以上畲族人口分布于100～1000米的丘陵地带，福建省分布于100米以下的人口百分比（56.10%）虽大于江西（20.33%）和浙江（33.93%），但海拔最高的畲民居住地（1000～1500米）也在该省，分布海拔落差为4省之最。

畲族多生活于丘陵或山地，这与4省汉族人口分布状况形成鲜明的对照。例如，浙江省全省人口垂直分布，绝大多数（82.09%）人口分布于100米以下的平原地区，其中85.80%人口又集中于50米以下的平原地区，而畲族54.07%人口分布于海拔100米以上的地区。畲族人口的分布状况与其民族历史的地位、迁徙活动、生产方式等因素有着直接的关联。

三、山地风光奇异灵秀

畲族分布的地区山脉纵横交错，山峦叠嶂，拥有许多以奇峰险谷著称的游览胜地。闽东地区，一边是崇山峻岭，一面是海水波涛，山海相交，形态万千，许许多多的畲族村庄就散落在山海交汇的崇山峻岭之中。

1. “海上仙境”——太姥山

位于福建省福鼎县秦屿镇的太姥山，雄峙东海之滨，横亘闽浙交界。这里峰峦险峻、怪石嵯峨、岩洞幽深、云雾缭绕，以峰险、石奇、洞幽、雾幻而著称，且一年中有百余日都是雾气升腾，令太姥宛若仙境。太姥山有54险峰、45奇石、24洞、10岩、9泉、3溪、2岭、1谷。最高峰为摩霄峰，海拔917.3米。

太姥山原名太母山，传说东海诸仙常聚会于此，故素有“海上仙都”之美称。太姥山与福建的武夷、浙江的雁荡并称“闽越三大名山”。汉代东方朔奉武帝之命授天下名山，太母山被册封为36名山之一，改名为太姥山。相传太姥为蓝母，爱种菁，后羽化成仙。太姥山下有畲村、蓝溪，每年八月，溪水变蓝，畲民在溪中染帛。清乾隆知府李拔有诗云：

蓝溪胜迹古流传，染就轻盈叠翠烟。
试看年来秋水碧，混同莫辨蔚蓝天。

太姥山 （作者提供）

“云横断壁千层险”是太姥奇峰的真实写照。覆鼎峰、新月峰、莲花峰、笔架峰、天柱峰、拨云峰等，有的像孤峭的天柱，有的像尖削的石笋，有的像盘亘的城墙，有的像欲跃的神鲤……千姿百态、峥嵘万状。每当进入险峰参天的幽谷，顿觉寒气迫人，幽深且静；而行走在悬崖峭壁之上，下临百丈深渊，恍如半空行走，惊心动魄。登临摩霄绝顶，眼前碧海长天一色，白帆与轻云齐飞。星罗棋布的岛屿、秀丽多姿的海湾、

气势磅礴的山峰交相辉映，构成一幅绝妙的山海奇观图画。

峰奇，洞更奇。太姥岩洞是由花岗岩岩体崩塌、滚石堆砌衔接而成的大型“走廊式”岩洞，与喀斯特地貌的石灰岩溶洞迥然不同：大洞藏小洞，小洞套大洞，洞中有洞，洞洞相连。有的向下延伸，直抵海面，叫“通海洞”；有的向上伸展，直逼天际，称“通天洞”；有的两岩陡立，上夹坠石，曰“七星洞”；有的峭壁夹巷，见天如线；有的洞顶常年滴水，有的洞壁古树葱茏；有的洞中可观日，洞内可望海；有的洞穴存丹井，洞中隐暗流。

山脚之下，由晴川湾、跳尾湾海域组成的海滨沙滩群，沙质细洁，海水清澈，环境清幽。牛郎岗沙滩还有独特的海蚀地质，其北面一座卧牛般的礁屿，岩石呈页状、纸状、柱状，没有一块是光滑的，这些岩石多呈焦褐色，间有淡黑、乌青、血红、乳白等色调，阳光下五彩斑斓、熠熠生辉。

从太姥山流出的九鲤溪，汇集13条支流，流长25公里，山青、水秀、滩美、境幽，山水风景与田园情趣相融。九鲤溪的两岸青山重回，绿树葱茏，鹭鸟翔集；溪中水质清澈，鱼石可数。九曲十三滩，滩曲之间，一动一静，对比鲜明：险滩，浪花扑面，惊心动魄；深潭，波澜不惊，悠然自得。这里还有数万株全球纬度最南的枫树林，林边的河滩上是一片百余亩的荻花滩。每年秋末冬初，树叶黄里透红，远望如一片绯色的红颊，近观似一股烈焰腾空，而荻花一片雪白，别有一番情趣。在枫树林间隔地带，还生长着纬度最北的古榕树林，虬根盘绕，枝叶繁茂。

2. 世界地质公园——白云山

白云山位于福建省福安市西北部，气候独特，山中气温低于外界6～8℃，除千变万化的云海奇观时常可见外，在仙顶峰还可看到罕见的“佛光”。白云山还生长着世界珍稀水生植物——“午时莲”。

白云山主峰是闽东的两大高峰之一，海拔 1488 米，清光绪年间《福安县志》载：“白云山……山最高，为闽东第一山。上有庵，常积雪不散。登绝顶俯瞰白云山，城邑川海，如在宇下。”又称：“白云山群峰耸峙，气势磅礴。山腰间时常云障雾绕，主峰缪仙峰则突兀苍穹，登临绝顶，三百里方圆一览无余。晴日远望，如同仙姬下凡，拥翠裙绫罗婷婷玉立；腊月下雪，则好比仙姑降临，银装素裹，分外妖娆，南方雪景，唯此处可供。”

白云山集火山岩、晶洞碱长花岗岩地质地貌和峡谷深切曲流地貌、河床侵蚀地貌等多种典型独特的地质景观为一体，是一座天然的地质公园。白云山具有独特的地质价值，山中典型的中生代晚期酸性火山岩组成的火山岩山岳地貌，破火山、笔架山穹状火山地貌，发育于火山岩、晶洞花岗岩的峰丛、石柱、石脊、崖壁及各类肖形石等地貌，都独具特色。龙亭溪罕见的发育于晶洞碱长花岗岩、正长花岗岩的深切峡谷曲流地貌，峡深壁陡，垂直峭壁高差最大达 400 多米，水位落差近 300 米。

白云山冰臼　（作者提供）

白云山周边蟾溪、长洋溪等溪涧中，分布着上千个奇形怪状的岩洞。有的岩洞非常大，如九龙洞直径约 30 米、深约 60 米，堪称“世界奇观”。中国地质学家考察后认为，这些岩洞是冰川或冰川下形成的急流冰川融水，携带石块快速流动、旋转（涡流），冲击基岩所形成的。

白云山蟾溪龙亭峡谷长逾 10 公里的溪流间，分布着上千个奇形怪状的石臼，如爱心石臼、阴阳石臼、蝌蚪石臼、漏斗石臼、连环石臼、天眼石臼等，犹如雕塑艺术的大观园。相关研究判断石臼应为“冰臼”，据研究人员推算，距今大约 200 万～300 万年前的第四纪冰川早期，这一带曾被冰川覆盖。

每年农历六月初一“进香节”（也叫游山节）前夜，福安及周边闽、浙各县畲汉群众成百上千人摸黑登山，争献第一炉香；天亮以后，香客们游山观日，畲族青年男女则盘诗对歌，尽情欢乐。此俗后衍化为畲族定期的歌会。

3. 东南第一山——雁荡山

雁荡山，中国十大名山之一。雁荡山系绵延数百公里，按地理位置不同可分为北雁荡山、中雁荡山、南雁荡山、西雁荡山（泽雅）、东雁荡山（洞头半屏山）。现代地质学研究表明，雁荡山是一座具有世界意义的典型的白垩纪流纹质古火山——破火山。由于处在古火山频繁活动的地带，山体呈现出独具特色的峰、柱、墩、洞、壁等奇岩怪石，称得上是一个造型地貌博物馆。

雁荡山是滨海山岳型风景名胜区，位于浙江省温州市乐清境内，面积 450 平方公里，分为灵峰、灵岩、大龙湫、三折瀑、雁湖、显胜门、羊角洞、仙桥八大景区，有 500 多处景点，其中灵峰、灵岩、大龙湫精华荟萃，被称为“雁荡三绝”。景区内峡深谷幽，峰奇崖险，秀中有险峻，奇中有幽奥。素以独特的奇峰怪石、飞瀑流泉、古洞畸穴、雄嶂胜门和凝翠碧潭扬名海内外，被誉为“海上名山，寰中绝胜”，史称“东南第一山”。

雁荡山有着独特的品格，“日景耐看、夜景消魂”，“观山景、尝海鲜”，“一景多变，移步换形”。这是它区别于中国其他名山大川的三大特色。雁荡山具有地形复杂、景象丰富、一景多象等景观特点。

雁荡景观奇闻天下，但不只是在奇，还有雁湖岗、龙湫背之雄伟；云洞栈道之险；仙溪、清江山水之秀；初月谷、鸣玉溪、灵岩及诸多洞穴景观之幽冥。登上百岗尖，俯瞰百座山冈于脚下，可以领略“山登绝顶我为峰”的高旷；下至海滨乐清湾，面对浩瀚大海，可以欣赏“海到尽头天作岸”的平旷景观。

第二章

畲民的泛家族观念

唐总章年间，陈元光率唐军征讨闽、粤、赣交界地的畲族聚居区域，雷万兴、苗自成、蓝奉高等畲族领袖率领“洞蛮”各部落奋起反抗。南宋末年，黄华领导的畲汉联合武装，陈吊眼、许夫人带领的“诸洞”畲军，在福建地方抗元斗争中起到了的重要作用。在与外来势力的较量中，畲族各部落会聚成统一的民族群体，进入地方政治历史舞台。

第一节　畲民独立的家族话语

明清时期大规模的畲民迁徙活动，导致畲族主体力量的分散，虽然没有再形成本民族的军事组织，但依然“性固悍疾”，众志成城，敢于向统治者和恶势力抗争的民族传统仍然代代相承。为了适应新的生活地域、新的生活方式，畲族以大宗族的形式编织起血缘网络，构建起以祖先神话为核心的精神体系。

一、“社”与“会馆”

清末民初，畲村出现称为“社”的民间组织。“社”由村民自发成立，职能为防盗、防赌、防火，维持治安；防旱、防涝、防虫，维护生产。

福建宁德狮猴（猴增）、新楼、半山、大坪、南岗等18个畲村均有“社”的群众组织。18个“社”联合为“总社”，八都狮猴村雷姓任总社长。每逢每月农历十五，便组织诸社聚会，互通村情；农历十二月十五日，聚会庆丰收，并商讨次年所执行的事项。与此相类似的畲民社会团体还有——“会”，如“路会”、“桥会”、“谷会”、“禁山会”、“狮灯会”等。“会”的组织行动目标单纯，即针对某一项目负责组织、捐资、互助和管理等事宜。如互助性组织“谷会”是由8位会友组成，推一人为会首，各个会友将收成的谷物集中后，再按需要分配，今年分配到多少，明年就要交多少，以8年为一个周期，相当于一个小型的谷物合作组织。

清光绪二十五年（1899年）闽、浙畲民在福宁府（今福建霞浦）西门外教场头设立的“山民会馆”，它是闽东、浙南畲族民间公益团体和多职能的公共活动场所，民国时期在闽、浙两省畲民中有广泛深远的影响。

民国初年“山民会馆”改为“三明会馆”，1919年8月迁址于北门里旗下街。三明会馆内设董事会，闽、浙各县均设一名董事。来自浙江云和县、毕业于浙江法政学校的蓝文蔚为董事律师，长年住馆，其他董事不定期轮流住馆。董事为畲民义务服务，服务项目包括：族内调解纠纷，族外维护权益，为畲民代写诉状，代打官司。当时福鼎桐城乡浮柳村发生的畲汉山村纠纷，霞浦南乡畲汉的海埕纠纷，因有会馆从中斡旋，均得到妥善解决。三明会馆作为接待处，解决族人往来的膳宿问题，来客按规矩免费住宿，但要自办伙食。会馆中设有厨房，备有炊具，来客自行煮食。三明会馆还是畲民的联谊会，诸县往来的畲民可以在此沟通信息、商议事务，诸如兴学、建祠、架桥、铺路、

赈灾等。馆内经费充裕时还适当救济遭遇天灾人祸的族人。

祭祖是三明会馆的要事。每年清明、中秋多有举祭，而春节必有大祭。如1920年，三明会馆迁入新址的第一个春节祭祖，霞浦西乡、南乡、东乡、附城区以及福安、宁德、福鼎、寿宁、罗源、连江、闽侯、泰顺、平阳、云和、景宁等县均派人参加，祭礼活动连日分批举行，由各县董事和各处族长轮流主持，祭祀活动延续十余日。三明会馆的鼎盛时期达30余年，1927年后中断活动。1946年，由畲家宗人协商重兴会馆，经民国霞浦县政府呈报，福建省政府核准在案，三明会馆成为官方注册认定的"苗夷民族之公益团体组织"。

二、民间秘语——畲家阵

顾炎武《天下郡国利病书》称：畲民"或侵负之，一人讼，则众人同；一山讼，则众山同"。在畲族乡村时时能听到的一句话语是"畲家阵"，"阵"有"一伙人"的意思，这是畲民家族话语中一个重要的单词。

中国民间社会组织的秘语，包括隐语、行话、切口、春点、杂话、市语、方语、黑话等，而畲民的秘语都不属于这一些范畴。畲民秘语是特定人群独晓的、完全独立的话语系统，其中蕴含着许多畲民家族的行为与规范。秘语看似畲家交流中外加的繁文缛节，目的是通过对民族的确认来拓展对家族的承认，同时，又在本族与异族之间树立起一道壁垒。

20世纪50年代曾发生过这样一件事：1956年安溪县善坛村畲民钟铭两到云霄县去修筑公路，不慎丢失钱包，被当地寨仔村一钟家小孩拾到。小孩见内有证件，知失者也为钟姓，便返家告其母，并主动送还。小孩邀钟铭两至村中，村里欲设宴款待，但钟铭两因对不上暗号而遭冷遇。钟铭两莫名其妙，百思不解，回乡后，遂请教九旬高龄的老乡钟志觅，方知畲族子孙彼此相认时，须对暗号，即见面时要出示三个半指头，或道出三条半篾的隐语，再或者写出一个“汝”字，意为盘、蓝、雷、钟三男一女。

流传于福建省漳平市畲族中的《龙犬王歌》道：“千里来龙恩犬祖，山门叠叠住子孙；一竹劈成三篾半，汝（南）云（田）冯（诩）颖（川）密相连。”

翌年，钟铭两带上同族钟铭匣、钟江华，三人再度至云霄县寨仔村，他们之间对上了暗号，当地村民大悦，特置酒菜招待他们，极尽情谊。

这则掌故表明了畲民家族话语的神秘性和亲和力，既有近宗的认同感又有远祖的一统性。在畲民观念里，家族的旗帜上总是深烙着民族的徽章，正如畲族谚语云，“山哈、山哈，不是亲戚就是叔伯”；“凤凰山上好开基，同是南京一路人”；“蓝雷三姓共门寮，不共锅灶同族亲”。

“民族即家族”的泛家族观念是畲民独有的禀性，畲民的家规中多有独特的秘语。畲民祖先流传有许多秘语，用于考验外来的陌生人，来者除讲畲族语言外，还必须对答秘语，能应对者，便认定为真正的畲民，往往以亲人相待，否则，将不予理睬。因此，畲民出行时，都会对既定的秘语作必要的预习，以备路上突如其来的提问。

较为常见的畲族应对秘语是这样一问一答的：

问：一桁毛竹打几来（即“一枝毛竹劈几片”）？

若来者姓“蓝”，即答：“六来。”“雷”、“钟”两姓，则答：“五来。”因蓝姓以“大、小、百、千、万、念”等6字排行，而雷姓少“念”字，钟姓少“千”字，只以5字排行。

问：什么字头（指姓氏）？

若来者姓“蓝”，则答：“钉角”；姓“雷”，则答：“盖耳”；姓“钟”，则答：“千字头”。

问：成未成人？

来者已经传师学师者，答：“成人”；未学师者，则答：“未成人”。

问：毛竹开桠没有？

来者已有子女者，答：“已开桠”；没有子女的，则答：“未开桠”。

问：门前有几个踏步？

来者应按家中有几代人应答。

问：牛崽牵过栏没有？

来者为已婚者，则曰：“已牵过栏”；未婚者，则曰：“没有”。

问：家中有几块碗？

来者应按家中的人口数作答。

问：一个橘子分几片？

来者应按家中有几个兄弟作答。

第二节　家族祠堂——伦理与风水的培植

畲族“结庐深山，聚族而处”。畲族村寨多以血缘相近的同姓人聚合而居，这些同村同姓者一般均为同宗，即都隶属于村寨肇基祖的后代。因为，明清以后，畲族“随山迁徙”的特点是以家庭或家族的极小部分为单位进行的散点移动。当迁居者随山迁徙后，便以顽强的生命力维持民族的生存，于是，单门独户随着时间的流逝而衍发成比屋相邻的同姓同宗村落。单一家庭裂变为若干家庭，而若干家庭遂组合成统一家庭，整个村寨便以单纯的家庭血缘纽带维系着。

一、宗族祠堂

畲族宗族的象征物是“宗祠”，俗称“祠堂”。“宗祠”既是畲村的物质实体，又是村民宗族观念中的精神实体。一般来说，畲村同一宗族也称为同一宗祠。

畲家的传统观念中，始终认为本民族四大姓，即盘、蓝、雷、钟本为一家人。闽、浙畲村所藏的清代宗谱中都有冠以“盘、蓝、雷、钟”四姓血脉相连的世系图表。而且，畲家还认为畲族曾经有四姓“总祠”。福建福安范坑乡洋坑村蓝氏宗祠内，将畲族四姓始祖并列封牌位。虽然现在广东潮州凤凰山寻觅不到总祠的遗址，但闽、浙畲民心灵中的“总祠”是根深蒂固而永存不泯的。江西贵溪畲族“每祭祖，则四姓毕集”。这种总祠观念体现了畲族的“民族即家族”的泛家族思想。现在，闽南华安官畲畲村尚存蓝、雷两姓共用的祠堂。

一般某个区域血缘相近的同姓畲族都有自己共同的祠堂，又称为同姓“祠堂”或“公祠”。“公祠”同用供奉以某个区域的肇基祖为核心的列祖列宗。公祠往往覆盖着同一县境内，特殊的情况，覆盖的范围延伸至临界的县域。如福建福安坂中大林钟氏宗祠，即是以音公为核心的钟姓公祠，钟姓派系不仅覆盖福安全境的大部分钟姓畲村，而且还扩展到临近的霞浦、福鼎等县域的钟姓畲村，即闽东北有相当一部分的钟姓畲族均为音公派下。

“公祠”之下由“房”组成。“房”是以肇基祖的若干儿孙分别组成的宗族支派，肇基祖的每个儿子所形成的支派为一“房”。各房支通常按长幼序列依次称为“长房”、“次房”、“三房”等，同房支的家庭可称为“共房”、“厝下人”或“介寮”。有的畲区将支房称为“㮓”，“㮓”是同支房的各子孙分别组成的支派。“家庭”是组成宗祠的最基

本单位，也是“橱”以下各支派的血缘网络支点。

随着时间的推进、子孙的繁衍和人数的递增，一些村落中原有“房”内子孙另立宗祠，又称“分祠”或“私祠”，“私祠”内再形成“私祠—房—橱—家庭”的家族网络。畲村的每一个宗族成员，在他的家族观念中，宗族组织的构成是遵循“总祠—公祠—私祠—房—橱—家庭”的血脉联系的线索。

畲族祠堂是公共祭祀的场所，主要在特定的时间举行祭祖仪式，还有其他宗族重大祭祀事项，如建祠、修谱等也要在祠堂内举行。闽东畲族有祭谱的习俗，祭谱仪式在每年的农历七月十一至十五举行。

二、族长的权威

畲村的宗族领袖是族长，族长又称为“父老”或“伏老竹”、“埠老”，一般由辈分大、年事高、威望重的成员担任。

族长由推举产生，不搞世袭制，即一旦族长辞世，则本支宗族内另找合适人选继任。族长调理宗族内外、村庄内外的各种关系，处理宗祠内的日常事情，协办各家红白喜事，统领族内人从事各种宗教和社交活动，宗祠内的三大盛事——建祠、修谱、祭祖，都得由族长亲自主持。

一般人数较多的畲村，除族长外还有“房长”。“房长”的推举方法与族长大致类似，即由房内公推产生。房长主要主持房内事宜、协调各房及房外关系等。一般在宗谱内所载的族长、房长的谱名下都标明“八品官带”的字样。畲村宗族内都有一套完整的行为约束规定，且由族长来落实执行。畲民有自己的“法规”，内部的纠纷很少到外头打官司。畲村的家族管理和族规的制定，体现了家族长者和传统观念的权威性以及从众的民主性。

畲族宗谱内所载的《族规》条款，涉及族内行为的各个方面，如为人要孝悌忠信，不可作忤逆之事；祖坟山的风水树林不许挖掘；祖宗遗留下的田产、地基等公产，不得私自处理；族内远亲支派，若遇家贫或罹难，须共同资助；族内不论亲疏，都应视为一体，不许恃强凌弱，等等。

除了载于谱内的成文“族规”外，畲村还有在长期生活中形成的不成文行为规则，即“习惯法”。如浙西南畲村习惯法规定：在祠堂内须按辈分称呼，不准直接称呼姓名；不许虐待父母和配偶。违反者，情节较轻的，责成认错改正；情节严重的，要杀猪、杀鸡慰问；虐待致死的，要跪棺材头，钻棺材底；强占他人之妻或拐卖儿童、妇女，家中锅灶要被掘掉，中堂上的瓦片要被敲毁；禁止偷窃他人财物，但如是饥饿难忍，不予处罚，并给救济，使之不偷；如属贪财，除赔偿外，还要挨打，惯偷则被赶出村庄；田边种树要隔一定距离，烧毁山林要插苗补种，并赔偿经济损失；赌博要被强制吃狗屎，屡教不改的惯赌要被赶出村。

上述习惯法约定俗成，不仅适用于畲村内同一家族的居民，而且也成为畲村异姓居民共同遵守的村规。

三、建祠和修谱

家族三大盛事是建祠、修谱和祭祖。畲族的祭祖带有浓厚的宗教色彩，形式上比较复杂。

1. 建祠

祠堂既是族人的组织实体，又是象征宗族权威的建筑实体。祠堂是畲村进行人文教化的场所，修建祠堂是对宗族权威的确立。

修建祠堂事宜由族长亲自主持，配以若干名首事主办，祠堂地基和修祠时间的选择都由专人负责。畲家祠堂内除珍藏祖图、祖杖和宗谱外，还陈设祖牌。祖牌，俗称为“龙牌”，一个祖牌即表示一位先祖

的牌位。祖牌置于祠堂正座的祖龛内，祖牌的修造和进龛都要选择吉日吉时。除宗祠始祖灵位，即总位牌由祠堂众房共同捐资雕制外，各房祖牌的雕制，由各房自行出资。

畲村祠堂内楹联独特，每年更换一次，但内容不变。如福建古田县富达畲村蓝氏宗祠内祖龛首联曰：“存忠孝心，行仁义事。”正厅首联：“今修祠宇其地以唐宋史基之，古肇宗风有堂衍子孙恢廓者。”这些楹联自清代至今，始终不变。有的畲村没有建筑祠堂，仅以祖籍替代。一般畲家祠堂香炉均为6个，每个香炉的名称各不相同。蓝姓香炉分别称为：神仙、祖师、射猎、下座、仙童、乩兵；雷姓香炉分别称为：众炉、神仙、祖师、下座、仙童、乩兵。

多数祠堂设有公田，祠堂如办公事，由公田收入支出；无公产的祠堂，则按人丁分摊开支。

2. 修谱

宗谱，又称“家谱”、“家乘”、“族谱”。畲村诸姓宗谱是宗族人文历史唯一的档案资料。现分藏于各畲族村落的诸姓宗谱多是清代以后修订的。畲族宗谱的谱端又称“谱头”，一般都有《敕书》、《历朝封赠》、《广东潮州凤凰山总祠记》、《龙首师杖记》等内容，并加配凤凰山总祠图，盘、蓝、雷、钟四姓始祖坟茔地望图等。

畲家传统观念：“五世不修谱，乃祖宗之罪也。”宗谱有“总谱”与“支谱”之别，以公祠之谱牒为“总谱”，私祠之谱牒为“支谱”。修谱时，由族内若干人分任董事、总理，主持修纂工程，又配若干当事人分赴各地寻访血缘相近的同姓同宗叔伯，由各

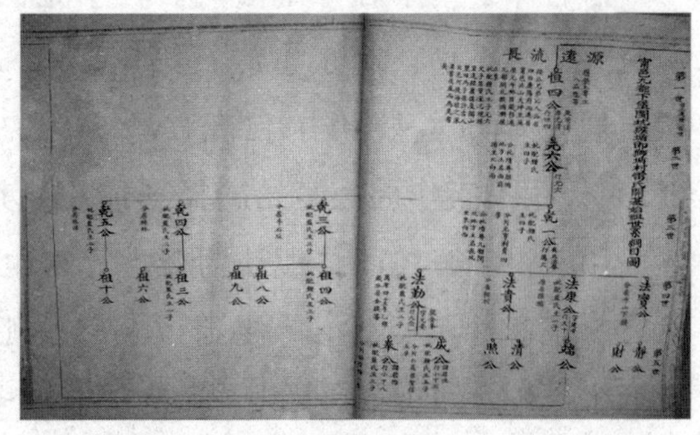

蕉城猴盾《雷氏族谱》1971年　（作者提供）

位叔伯提供本家族人员的生卒年月，子嗣婚嫁状况以及屋宅、墓葬的建筑时间、方位等内容，这些内容称为“家状”。修谱先生以各人提供的“家状”，按血缘亲疏分为“房”、“椈”，形成宗族繁衍世系图。

修谱过程在宗祠内进行。重修宗谱时，将这初修宗谱按“房”、“椈”各系拆开，再由当事人根据原谱提供的线索寻访各“房”、“椈”族人，补充发族后新出现的“家状”，修订原错衍的“家状”等。修谱先生按现有“家状”重新编定，同时将初修谱重新装订，并与重修谱一并封藏。宗谱修订完成，族人请来戏班在宗祠戏台演大戏，称为“祭谱戏”。

谱内世讳的确立按祠堂规定的“排字世项”的基本原则进行。载于畲家宗谱中的宗祠内人丁所用之名曰“谱名”。一般日常生活社交场合仅用俗名，不用谱名。而逝世后灵堂牌位、坟墓碑文则用谱名。但今人墓碑也镌刻俗名。

谱名表明命名对象的世属和排行，闽东畲族谱名由讳名（世名）、字、行第三者组成，谱内男性谱名兼有三者，而女性仅用俗名或另加排行。讳名和字都是复名，复名的第一用字俗称为“字头”，是由主持修谱的族长、董事和修谱先生等人议定，每一世（代）的讳名和字的“字头”仅各用一字，这一世的每个男性的讳名和字都冠上此字。

谱名讳字用字有一定法则。行第是同世男丁或女性按出生年月时辰先后依次排列。闽东畲族行第用字有一定变化和发展，明末清初时按族规，排列主要用字仅是“念、大、小、百、千、万”等，每世（代）仅用一字作周而复始的循环使用，其中蓝姓用6个字，雷、钟两姓只用5个字。民间传说认为蓝姓原来也仅是5个字，即无“念”字，后有一位蓝姓人要祭祖，便到另一家去挑“祖担”，本来“祖担”内只有五个香炉，可是挑回的“祖担”中却多了一个香炉，挑担的人说：“搞错了怎么办?”师公说：“念话!”（意为“没关系”），从此蓝姓便多

一个香炉，也多一个“念”字辈。

畲族世代排行时男丁不排一，女性不排二，即男丁排行序数从“二”字开始，而女性排行序数缺“二”字。具体做法是，同辈人同属一字，再加上按出生月日时辰所排顺序。如蓝姓某男，同世用字为“念”，他在同辈中排第36位，便为“念三十六郎”；雷姓某女，同世用字为“百”，她在同辈中排第14位，便为“百十四娘”。而独缺的“一郎”、“二娘”等，要留给未满16岁而夭折的男女亡灵。

清光绪二十年（1894年），福建省钟姓畲族曾倡议修纂连环总谱，发起人为侯官县四品衔刑部主事钟大焜。他于当年农历十二月在福清棋山畲村族人处商议此事：先从闽省为始，聘请同宗带着族谱遍历抄录，再加修辑，有余力，兼及他省。他联络了福建、广西、湖南、江西等省钟姓官吏同立《章程》。这种连环总谱的修纂，以姓氏作唯一的凭依，融合包括汉族在内的钟姓各族人。这项工程至光绪二十七年（1901年），仅修订完成以福宁府（今宁德）钟姓畲族为主体、有十卷石印本的《颍川钟氏支谱》。

第三节　蓝姓种玉堂

由于居住分散，畲族很难集合起大规模的民族行动，各地的畲族宗族就成为凝聚力量的中心。宗族的发展是畲族十分看重的大事，畲族蓝、雷、钟各姓努力进取，谋求出人头地，福建漳浦蓝氏家族就是其中的成功者。

300多年前，漳浦蓝氏家族先后出现了蓝理、蓝廷珍、蓝鼎元、蓝元枚、蓝日宠、蓝瑶、蓝瑗等数十名以赫赫武功身居要职的军事将领，其中蓝廷珍、蓝理、蓝元枚官居一品。

一、“破腹将军”蓝理

蓝理，福建漳浦畲族。康熙二十二年（1683年），施琅任福建水师提督征伐台湾，蓝理为前锋。在澎湖战斗中，蓝理骁勇善战，奋不顾身与守军拼杀。由于天气炎热，他脱掉上衣，赤膊上阵，接连斩杀了十几个守军，自己身上虽然也受了几处刀伤，但他全然不觉，仍然拼命地厮杀。突然守军的一颗枪弹打中他的腹部，他感到一阵疼痛，低头一看，鲜血淋漓，肠子都流出来了。他忙用手按住伤口，跳进船舱。守将见了，大呼“蓝理死了”，喝令军兵猛攻。可是蓝理在船舱中把肠子塞进腹内，用衣、布裹紧，大叫着又冲杀出来。守军兵将看见蓝理还没有死，十分惊慌，急忙后退。这时施琅率大军也及时赶到，清兵合力猛攻，一举攻下澎湖。

台湾统一后，蓝理奉召入京。到赵北口，碰上康熙出京围猎，蓝理急忙回避，扔下马自己躲藏了起来。皇上的车驾来到这里，只见马不见人，就派人搜寻，蓝理被带到皇上的车驾前。康熙皇帝问：“哪里人?”蓝理目不识丁，不懂官话，误认为康熙叫他的名字，他如获天恩，连忙叩头回答：“臣蓝理，臣蓝理!”康熙问他可是征澎湖时拖肠血战的蓝理？蓝理回答：“是。”皇上就把他叫到近前，询问血战经过。还让他解开衣服看看他的伤口，亲手抚摸他伤疤，称赞他的勇猛。随后，蓝理被任命为浙江督军，每逢皇帝南巡，蓝理迎驾，皇帝就向各位王公大臣介绍蓝理血战的情况，并引见给皇太后说：“这就是破腹将军。”从此“破腹将军”名闻全国。

二、蓝廷珍略台

蓝廷珍（1663～1729年），字荆璞，漳浦湖西人，漳浦蓝姓种玉堂第十五世祖，是清初定策经略台湾的功臣，历任澎湖副将、南澳总

兵、福建水师提督，为台湾的治理和开发作出重大贡献，影响深远。

蓝廷珍少年时不甘于穷困，不远千里投奔已在浙江定海任总兵的族祖蓝理麾下，深得蓝理信任。清康熙三十四年（1695 年）升任定海营把总，又升磐石守备、温州镇左标营。在温州期间，勤于巡逻，多次在南鹿海面上捕获贼船，威名日盛。朝臣满保巡视瑞安期间，恰逢蓝廷珍斩贼 90 多人，就将他晋升为澎湖副将，又擢升南澳总兵。

康熙六十年，台湾朱一贵举兵反清，仅几天就几乎占领全岛。满保保举蓝廷珍总统水陆大军平定。蓝廷珍率部从鹿耳门登陆，经 7 天征战，俘获朱一贵，平定全岛。蓝廷珍奉令署理提督之职，留台处理善后事务。

蓝廷珍针对当时制定的划界迁民政策，多次给满保写信，他主张对台湾百姓采取教化的办法，鼓励开拓，使地尽其利，人尽其力。蓝廷珍的意见，被满保全部接受，并根据他的主张，划虎尾溪以北至大甲溪，增设彰化县，溪北至鸡笼，设淡水厅，以理“番”。之后，蓝廷珍又上书阻止了台湾总兵移镇澎湖的计划。

治台期间，蓝廷珍实行保甲制度，设立大乡总和乡长，为使防务更加完备，实行团练制度，同时允许县丞、巡检各编练乡壮 300 名，以补兵源不足，这些兵员，有事则从军，无事则分散为民，乡自为守，人自为兵，对台湾的社会安定，防止外敌侵犯，开拓和发展台湾的经济，起了很大的作用。雍正元年，蓝廷珍升任福建水师提督，加左都督。雍正八年（1729 年），蓝廷珍殁于任上，赠太子少保，谥襄毅，赐祭葬。

三、“筹台宗匠”蓝鼎元

蓝鼎元（1680～1733 年），字玉霖，号鹿洲，漳浦县赤岭畲族，清代知名学者和经世之才，是一位对台湾历史有很大影响的官吏。

康熙六十年（1721年），蓝鼎元随蓝廷珍出师入台平乱，平台后又在台湾住了一年多。他出入军府，筹划军机，处理政务，著书立说，提出了很多治理台湾的策略，蓝廷珍的文移书檄多出自他手，因而被誉为“筹台之宗匠”。

蓝鼎元精熟台湾历史，入台后又全面考察了台湾社会、政治、经济、军事的现实和地理、风俗、信仰、教化等方面的情况。他最早提出了对台湾进行综合治理，促进台湾走向“文治”社会的具体措施。这些，一直是后来台湾官员的治台依据。

清领台湾后，行政建置的一府三县，都集中于西部和南部，而北部和东部却无建置设官，这与康熙末年闽粤移民大量迁台，北部、中部土地被大量开垦的状况，已很不适应。蓝鼎元提出增设县制的设想：北路地方辽阔，历来空虚，分诸县地为二，在半线以上另置一县，拟名“彰化”；淡水地势重要，人口日增，置淡水厅。蓝鼎元呼吁台湾山地万万不可抛弃，特别强调山地之重要。蓝鼎元的意见，多被朝廷采纳；有关置县的设想及文武官员驻扎、营汛布防、哨船挨班等建议，一一得以实现；关于不能废弃山地的呼吁，也为朝廷重臣要员所接受。

康熙四十一年（1702年），清政府对大陆移民实行禁止携眷赴台的政策，造成台湾男多女少，青壮年成家难，形成台湾社会的严重问题，蓝鼎元对此给予极大关注，在《论台湾事宜书》、《东征集》中提出对策。雍正九年（1731年），清政府实行“凭照携眷”入台的政策，就是出自蓝鼎元等官员的建议。

蓝鼎元著述颇多，主要有《鹿洲初集》、《女学》、《东征集》、《平台纪略》、《鹿洲公案》（又名《蓝公案》、《蓝公奇案》）等，并参加编修《大清一统志》。

四、赤岭蓝姓种玉堂

闽南的蓝姓畲族主要聚居于漳浦的赤岭、湖西，和龙海市的隆教，根据族谱记载，蓝姓畲族祖先蓝廷瑞于元代从江西抚州临川迁居漳浦前亭，其长子庆福分居长卿（今赤岭畲族乡），次子庆禄移居龙海隆教，三子庆寿迁居广东大埔河寥，各自繁衍后代。定居于赤岭的蓝姓后来拥有二万多人，形成了赤岭、湖西两个畲族乡。

明代中期以后，这个家族出现了 12 名进士、举人，近 30 名五品以上的武官，其中有一品官福建陆路提督蓝理、福建水师提督蓝廷珍、江南提督蓝元枚、广州知府蓝鼎元、江西御史蓝紫陶、礼部侍郎蓝应元等，成为当时闽南地区最大的望族。

漳浦赤岭石椅蓝氏家祠——“种玉堂”，是闽南畲村著名的祠堂之一。“种玉堂”取“种玉蓝田”之义，意为蓝氏“祖宗积德”，“钟毓英才”。因所处称石椅村，故“种玉堂”又称“石椅太祖”。

祠始建于明嘉靖二年（1523 年），原来仅前后二进，清康熙三十四年，时任定海总兵官左都督的蓝理，捐出俸银重建，并买下祠堂两边的民居，拓建为祠堂两廊。工程由左都督蓝瑗、蓝珠、蓝璜等督造，工毕，刻碑立于祠左以记其事。民国二十六年（1937 年）正月初二，种玉堂遇火，木结构被焚。同年，旅居印度尼西亚的宗亲捐资重修。1982 年，蓝氏族亲再次捐资重修。1984 年，“种玉堂”被列为第二批县级文物保护单位。

“种玉堂”西南朝向，建筑面积 540.96 平方米，夯土墙构筑，由门厅、天井庑廊，正堂、两边厢房组成。正堂面阔 5 间，深 3 进，九架梁加前柱廊，抬梁式结构，花岗石圆柱，鼓形柱基。正面作“榻寿”式，明间开大门，次间开小门，厢房门开于左右两侧。大门两侧立青石旋纹门鼓，木镂花雌虎窗。正堂悬一草书“福”字，传说是康熙御书。正堂左右悬江西御史蓝紫陶“大巡案”匾和礼部侍郎蓝应元“少宗伯”匾。祠中石柱刻有六副对联，均与祠堂的风水地理以及后代子孙有关。其中有“由镇海而分支，木本水源思先德；卜长溪以衍派，

蓝氏家庙　（作者提供）

文经武纬振后昆”；“三楚大巡案，胜国曾持节钺，六部少宗伯，朝圣与掌丝纶”；“铜柱海疆曾著绩，铁衣戎略夙知名”等。

蓝姓畲族定居漳浦已有600多年的历史，仅赤岭乡就有1.24万人，繁衍为当地的大族。“种玉堂”仅迁居台湾地区的就有5.6万余人，主要分布在台北、屏东、金门、桃园、宜兰等地。自1989年起，迁居台湾、印度尼西亚等地的蓝姓宗亲，先后捐献巨资将“种玉堂”重修一新。1990年，来自台湾的蓝鼎元后裔十余人首次组团回到湖西，祭扫蓝鼎元墓，捐资维修并扩建了墓园。

第三章

古风弥漫的远祖祭祀

畲族的信仰极为纷繁复杂，主要有祖先崇拜、巫师崇拜和其他种类民间信仰等。

第一节　神秘的祖先崇拜

一、神圣的祖图、祖杖

畲族重视祖先崇拜，“盘瓠传说”是畲族的图腾信仰。“盘瓠传说”的实物材料是珍藏于畲家祠堂的祖图和祖杖。

畲族祖图又称“太公图”、“永远图记”、“长联”。祖图多为清代的物品，以麻布、土布为底，条状横幅居多，也有直幅多屏的组合。祖图描述盘瓠传说，展示畲族历史发展、社会生产、文化习俗等内容，图像还配有文字说明，图文并茂。一般的图卷有以下内容：三皇五帝、高辛帝、盘瓠出世、番兵作乱、高辛帝出榜招贤、盘瓠揭榜、引见辛帝、智取番王头、验明正身、辛帝招驸马、驸王化身、驸王成亲、喜得贵子、辛帝赐姓、狩猎遇难、驸王出殡。

祖杖又称“龙头杖”、“法杖”，上面雕有龙头，是畲家显示远祖权威的象征物。祖杖有长短两种，长的有 4 尺多，藏于祠堂；短的 2 尺余，置于祖箱内。关于祖杖的由来，《龙首师杖记》记录了这段传说：盘瓠游山狩猎时被山羊角伤左肋，爬上一棵树的树杈而亡，过了 17 天才被寻得尸首。朝廷命人将他攀过的树砍回来，命民间雕刻者将盘瓠的头像雕刻上去，称作“师杖”，每到朔望之时焚香致祭。

龙头杖　（作者提供）

畲族的祖图和祖杖都被视为传世之宝，平时秘而不宣，唯有举行祭祀仪式才拿出来展示。龙头祖杖是畲族图腾的主要标志，有的地方畲族另外还供奉一种叫“辟邪”的怪兽。

一般畲村议事、祭祀等族内活动在祖厝、公厅（众厅）内举行，祖厝、公厅是迁入当地的首批建筑物，虽年代久远，常陈旧破敝，但具有特殊的历史意义和宗族的权威性。

畲村祠堂以福建省的最为讲究，尤其是闽南畲村的祠堂更是讲究华丽气派。闽南畲村祠堂又称“旁家庙”，三开间，中轴线两侧对称，屋顶为双脊硬山式，多由红色或灰色板瓦铺成。屋脊末端上翘，华丽者踞有鸱尾，脊身重彩，多为土木结构或砖木结构。祠堂内部布局规整井然，大多包括下厅、下房、角间、天井、崎头、大厅、后轩、大房、后房，五间、五间后等部分。有的家庙还设护厝，厝内有小房间及天井。大厅设祖龛，厅前有辇桥。有的古色古香，有的金碧辉煌。

闽东畲村祠堂通常两进，即前后座，后座高于前座，前座多设戏楼，外有天井，两侧有回廊，后座设祖龛。如福建福安坂中大林钟祠为土木结构，两进，前座为戏楼，第二进即为大厅。大厅与戏楼中隔天井。前座两侧有回廊，两进皆单檐悬山顶，悬山顶下设腰檐。

二、隆重的祭祖仪式

畲家的祭祀仪式包括祭祖、请祖、奏名传法、招兵等。仪式过程，举族动员，数村呼应，气势宏伟、庄严，是一种民族凝聚力的显示。仪式表达了族人对氏族神灵的纪念与祈祷，体现了畲家对民族传统意识的承续，对历史的缅怀和对现实的祝福。祭祀仪式虽然具备神秘性，但也洋溢着世俗色彩。祭祀仪式中，以祭祖活动最为隆重。

畲家“尝新节”祭祀典礼　（作者提供）

畲族祭祖有如下几种。

1. 时令祭

一般节日都要祭祀，最为隆重的是新年祭祖，称为“做头祭”。头祭日期多在“五日年”内，或在“上八日”，即正月初八或正月十五上元节，地点设在祠堂、众厅、祖厝等。

祭礼由族长主持，陈列祖图、祖杖、宗谱，供品必献全羊。仪式中唱《高皇歌》、诵祭文，按辈分先男后女依序拜祭。此外，畲巫要斋醮设坛行法事。礼毕聚餐，俗称“食太公饭”。

广东畲族的祭祖时间，自每年除夕始至正月二十日“天穿日”止。祭时，张挂祖图，陈设香案，案上置三个或五个香炉，其中最大者为太公炉，其余为五营兵马、射猎先师炉等。两侧瓷碗盛清水，备放一只乌龟，名曰“长命龟”，案侧置一龙头杖，即祖杖。

2. 醮明祭

有一种畲族的祭祖仪式，称为“醮明祭”。畲家子女年届十六，通过一种特殊的祭祖仪式，由家庭成员“入录”、“度身”转为宗教成员，浙江畲村称之为“传师学师”，闽东畲家叫做“奏名传法”，俗称“做序头”。

浙江畲村的“传师学师”限于男性，在学师者家中进行。“传师学师”时，学师者挑“游祖”回家，“游祖”即两个扁桶或竹箱，内置祖图、祖杖、香炉、龙角、龙刀、铃钟等。家中天井两边挂日神金鸡、月神玉兔，大门挂左右门神；祖图挂中堂两侧，也有的挂在走廊或大门外；祖杖竖中堂香案旁。“传师学师”仪式依祖传经文——《卷头本》所规定的程序进行，内容是东道法师带领弟子学法，并重演盘瓠上闾山学法克服重重困难的故事情节。“学师”仪式由 11 人主办，包括主持师公东道主、证坛师、引坛师、度坛师、监坛师、净坛师、征戢师、保举师、华老（汉族）师、保举师妻子西王母、东王公等。“传师学师”要经过 60 个主要程序，须三天三夜完成。凡经过“祖担学师”者，都用红布条写上学师者法名和学师日期系于祖杖上。

浙江遂昌县畲族为每一姓始祖刻龙头杖，由后代子孙来祭祀，祭

祖三次者称“进士”。祭祖时，经过学师仪式、取上法名的，称为“红身”，未经学师仪式的，则称“白身”。以“红身”来参加祭祖，是一件很荣耀的事情。

在学师中任“西王母”的女性，着绿衣裙，被视为很显耀的事情。担任“西王母”是有条件的，必须是夫家上代已有人当过此职，并有儿孙者，年龄一般为40岁以上。学师者之妻也可任“西王母”。

学过师的男子和仪式中任西王母的女子，生前受人尊重，死亦尊享荣耀。他们离世后，人们要为他们“做功德”，时间长者三天三夜，短者一个昼夜；没有学师的人，死后功德可做可不做，若做，则称为“白身功德”，只能做一天一夜。

学师以传代为荣，没有传代者称为“断头师”。学师未传代者死后着红色寿服，已传代者死后着青色寿服。

闽东畲家的“奏名传法”则略有不同。“奏名”对象不分男女，但必须是从事巫师、地师、医师、木匠、接生婆等自由职业者，“奏名”者家里上一辈中若有人已经取得“奏名”的，下一辈起码也要有一人“奏名”，以显示“奏名”代代相传。

闽东畲家的“奏名传法”需要凑足100名参加者，一次性完成，这样做的目的，一是有规模、有气势，二是节省开支。仪式在每年冬至前夕进行。冬至时分正值农闲，冬至前日照强，冬至后日照弱，畲家人认为此时阳气还比较旺盛。奏名时以13张八仙桌相捆，称作“洪楼”。本师、祖师2人，口念：“移风即速起洪楼”，众人将桌子竖起，本师、祖师随势攀登至13张桌子相叠的最高层。随后，他们又边唱边从每张桌上翻下，动作熟练敏捷。道具也可以用3张八仙桌相叠，称为“三司案”，象征三界。“奏名传法”主持者有：主奏、护奏、保奏等，各司其职。

闽东畲族的“奏名传法”所依经书有10余卷，其中以《证龙坛》

起洪楼　（作者提供）

最具有代表性，经文内容是“传法”者（即“本师”）和代“奏名”者（即“引师”）的相互对唱。

“奏名传法”时，每个奏名需填写诰牒，一式两份，一份阳牒，一份阴牒。诰牒签署奏名者的“奏名”（即“法名”）、职业及从师对象、所奏神灵。一般从事巫师职业者奏请临水奶娘，从事地师职业者奏请伏羲、文王，从事医师职业者奏请神农氏，从事木匠职业者奏请鲁班神。仪式结束，两份诰牒相联，盖上骑缝章，其中阴牒焚化，阳牒保存。待奏名者去世时，再由巫师将阳牒焚化，据说是便于奏名者进地府时，将阴、阳两牒核对无误。

3. 迎祖祭

又称“请祖祭”，闽东迎祖祭即接迎祖庭。祖庭内设置祖牌和祖杖。畲家蓝、雷、钟三姓除供奉氏族神灵外，同姓同支畲家还共设祖庭一座，由县境内外的同姓同支的畲族轮流来祭祀。经商议按顺序由乙村向陈放祖庭的甲村请回祖庭，置于本村祠堂或祖厝大厅，敬奉三

年或两年后，再由丙村至乙村请祖，依次类推，周而复始。如闽东宁德雷姓畲族“迎祖”，县域内以猴墩、新楼、高山互轮祭祀。县域外，猴墩与福安牛石坂、下白石下赤、金腰带、广门、半岭轮流祭祀；际头村、麒麟寨分别与罗源县竹里林、护国林洋村等对轮祭祀。蓝姓“迎祖”，在县域内，北山际头、点兰、新楼、琴田村互轮祭祀；县域外，还与福安下白石荷屿村对轮祭祀。

请祖时间为农历正月初三至正月十五之间，逾期不请，须待来年。若村里有特殊的天灾人祸，可不受此限，以便“迎祖”禳灾。请祖由族长主持，畲巫执行。请祖仪式队列庞大，始则数十人，后至数百人，前簇后拥，井然有序，气氛热烈隆重。队列前举忠勇王及其子婿封侯旗幡，又设銮驾仪仗队伍，包括“肃静”、“回避”牌开道，乐队奏乐鸣铳，龙伞护卫祖亭。请祖队列路遇畲村，必将停步路祭。队列进村，18名畲家少女擎展祖图迎接，后紧随旗幡、祖亭进村。

与此相类似的还有广东畲族拜祭蓝大将仪式。广东蓝姓畲族占全省畲族人口的70%以上，河源、和平、连平等地蓝姓世代相沿祭蓝大将仪式。仪式定于农历四月初九，这天是“蓝大将”——蓝光辉的吉诞日。村民在寨中央搭竹木鼓楼一座，楼内置一大木鼓，鼓楼四沿竖蓝大将旗及五色旗、鼠牙旗。初九凌晨，村民抬一空轿子，牵一匹白马进入蓝大将庙宇，将其神位抬出，轿子入鼓楼，祭祀礼仪开始，并演示畲家拳。礼毕，抬蓝大将巡视山村，俗称“抬阿公”。游行队伍由鼓楼起，走遍家家户户，每家贴上“将军出巡家家旺，引福归堂户户新”的对联。仪式历时1～2天，之后蓝大将牌位离村归庙。

4. 招兵

粤东凤凰山区畲族村寨存在一种叫“招兵”的仪式。招兵仪式一般是每3～5年举行一次。丰顺县畲村招兵大典的时间为农历十二月二十日前的吉日。仪式分两次进行，第一次请神上表、安兵营，第二次请神、赏兵、祭符、散兵。仪式由族长主持，巫师执行。举行仪式之前，在祖祠大厅搭神坛一座，神龛悬祖图，两侧竖鼠牙旗及五色旗，表示驸马王座帐的号令。列祖列宗牌位按顺序列置于神龛前的横桌上。祖祠大门前，立行法高台一座，高台置木斗型香炉，内盛大米，上插青、白、赤、黑、黄五色旗，代表五营兵马。香炉前另置三牲酒肉、五色米饭、香烛、杯碟等。招兵仪式持续二昼夜，或三天三夜。

第二节　原始图腾崇拜与自然物崇拜

一、古老的盘瓠崇拜

畲族标志性的信仰是盘瓠崇拜，这一古老的图腾崇拜与畲族的起源和发展相伴随。

盘瓠信仰与最早关于畲族的文献记载紧密相连，给世人留下畲民即为信仰盘瓠的一个古老民族的鲜明印象。《魏书》记载："蛮之种类，盖盘瓠之后……獠者，盖南蛮之别种。"晋代干宝《搜神记》记载：盘瓠子孙"用掺杂鱼肉，叩槽而号，以祭盘瓠"。到了隋唐时期，福建的汀州、漳州境内生活着被称为"蛮獠"的民族。宋代刘克庄《后村先生大全集》之"漳州谕畲"中记载："余读诸畲款状，有自称盘护孙者。"刘克庄第一次将"畲"字冠名于"蛮獠"，并将福建漳州地区畲族先民的主要信仰记录在文献之中。

明清时期，福建、浙江等地关于畲民祭祀盘瓠的文献描述较为详细，从中我们可以回溯出早期畲族祭祀盘瓠的情况。畲族的盘瓠崇拜有一个特别之处，即不立庙宇祭祀，这与畲民早期的游农（猎）生活有关。直到明清时期，畲族还过着向居住地的土地拥有者租山种菁、竹、蓝等经济作物的生活习俗，几年后土壤肥力下降，他们即离开该

地，另找肥沃土壤耕种。显然，在这种生活方式里，他们不能像汉族一样搭盖庙宇，最适合他们生活方式的，是易于移动的神杖、祖图等。

二、凤凰崇拜

崇凤是中华民族共同的文化心理，包括汉族在内的中国许多民族对凤凰的喜爱和景仰可以说到了如痴如醉的地步。尽管如此，可是谁也比不上畲族对凤凰的感情。

畲族的凤凰情结与他们认定的民族发祥地广东凤凰山和三公主的传说有着天然的关联，畲族视本族女性为凤凰的化身。勤劳、善良、聪明、美丽的畲族妇女以对本民族的卓越贡献博得了同胞的普遍尊敬，从而形成了畲家特有的“崇凤敬女”习俗。

畲族崇凤与凤凰山有密切关系。凤凰山在今广东省潮安、丰顺两县境内。潮安县有凤凰镇（在今潮州北面约 40 公里），凤凰山就在凤凰镇的西面。凤凰山主峰称为凤凰髻，居于凤凰山的西北，海拔 1497.8 米，是潮州的第一高峰，同时也是潮安、丰顺两县的分水岭。古代的潮州包括今天的整个粤东地区（相当于今天潮州、汕头、揭阳、梅州 4 个地级市），治所在海阳（今潮安）。自古以来这里是广东省畲族的主要聚居地之一，迄今这一带村落地名含有“畲”字的就有近百个。

凤凰山区是古代畲民的活动中心，畲民对这里寄托了极为深厚的感情，他们把凤凰山视作本民族的圣山，认为畲族始祖忠勇王死后就安葬在凤凰山，“凤凰山上安祖坟，荫出盘蓝雷子孙”。被梁启超誉为“诗界革命一巨子”的近代名人丘逢甲就写过这样一首关于凤凰山的诗：

椎结遗风尚宛然，凤凰山畔种畲田。

山中自作盘瓠国，更在佗王左纛前。

畲族崇凤还有一个重要的因素，就是畲族的“三公主传说”。根据畲族族谱的叙述，高辛帝的三女儿主名瑞娥，在畲族忠勇王的传说中，三公主是畲族的始祖婆。

汉族的祖先崇拜一般不包括祖婆，可是畲族却不同，作为畲族女性的代表，三公主受到畲族世世代代的爱戴和崇拜。有一首叫《祖公婆歌》的畲族古歌是用这样壮丽的诗句来歌颂三公主的：

你是丹凤迎赤霞，
你是朝阳来变化，
你比月亮更精华。

传说三公主就是凤凰的化身，当年三公主出生之时，“凤凰来此百鸟珍”。畲族是一个酷爱唱歌的民族，他们将本民族的歌谣叫做“歌言”，这歌言的来历就是由于三公主。畲族古歌《祖公婆歌》中有这样一段唱：

公主成年更聪明，近山也知鸟音啼，
公主也知百样鸟，云雀要找她谈心；
画眉欢喜盈盈笑，直直飞到玉凤楼，
又同公主来对歌，画眉一首她一首；
公主长成尽灵通，鸟唱歌言教人传，
山哈歌言从此起，传流万代教子孙。

在她与忠勇王成婚之际，母后娘娘亲赐凤冠和镶有珠宝的凤衫给

公主，将自己心爱的女儿装扮成高贵的凤凰，祝福她像凤凰鸟一样，给畲家带来幸福和吉祥。后来公主生儿育女，也将女儿打扮成凤凰模样。此举代代相承，成为畲族习俗流传至今。

凤凰崇拜的遗风一直保留在畲族的日常生活中。例如：畲族妇女的头髻叫“凤头髻”，衣饰花纹叫“凤挑”，花鞋上有“凤尾纹”，全身装束叫“凤凰装”。而在日常民事活动中，每逢喜庆，畲民总是庄重地在居屋正厅的壁上或梁上贴上“凤凰来仪”、“凤凰至此”的字条，或“凤凰朝阳”的图画。

畲家姑娘巧梳凤头髻　（作者提供）

福建屏南县甘棠乡巴地畲族村有饮“凤凰茶”的习俗：以艾叶卧底，上搁一个完整的生蛋（称为“凤凰蛋”），用滚烫的山泉水浇熟，沏出“凤凰茶”。每逢村中男人办大事、干重活，或身有小恙时必饮此茶。艾叶可祛痧、解毒、避邪气，蛋可进补。奉蛋茶成为当地人迎宾待客的上等礼节。

三、芜杂的民间信仰

畲族的民间信仰可以归纳为：神圣化的族内英雄与历史传说人物、职业性神灵、神格化的自然物体、汉族地区渗入的民间俗神、世俗化的释道诸教尊神、鬼魂幽灵。

畲族信仰中最为普遍、最具代表性的是信奉神化的历史人物。一类是历史上确有其人，曾有过辉煌业绩，生前受村民爱戴，死后被奉为神灵，不仅为本村本姓所膜拜，而且成了灵威迷漫一方的地域性神灵。如福安金斗洋（原名金斗量）村“雷氏三十二公”雷朝宝，是清康熙年间的武林高手，人称“豹子师傅”，相传他曾率领村民抵御外族侵犯，死后，村民为他立庙宇塑金身，作为神灵供奉，成为闽东畲族的保护神。类似的还有福安坂中的“钟熙侯王”，他是闽东钟氏的开基祖。另一类是传说中的人物被神化。如惠安钟厝所敬奉的“社公”钟景祺，当地人称他是唐代的科举状元。还有的地方将神话中“八仙”之一的钟离汉，历史传说人物钟馗等作为畲族的先贤崇拜。

悠久的狩猎生活，畲族有了猎神崇拜，闽东畲族信奉猎神雷万春、吴三么等；占主导地位的农耕生活，使畲族对农神产生敬畏和信奉，农作中有谷神、谷娘、谷仙子、种子仙、稻秧仙、青稻仙、黄稻仙等；居住地附近的自然物有“异象”的，也常被当做神灵供奉，如树神、石神；畲家戏班也有自己的戏神——雷海清。浙江丽水地区的畲民若子女少并多病，往往拜古树为干爹，年年祭祀，有的还把奇形怪石作为崇拜对象。

有些地方的畲族还拜鬼。畲村流传的厉鬼有五通鬼、天吊鬼、伤亡鬼等。相传五通鬼是天上佛子兄弟五人，因违犯天条被赶下凡间为鬼，畲家认为此鬼最凶，许多畲村建造五通庙祭祀。在福建云霄县有一个最古老的庙宇——“五通庙”，又名“王爹庙”。《云霄厅志》记

载，五通庙是“未开郡之先，蛮人所建”。

畲族没有佛寺，但观世音菩萨却是畲家普遍膜拜的对象；畲村没有道观，“三清”、“三官大帝”、“真武帝”诸道神被一并供奉。畲家供奉的道神没有塑像或图画，仅以文字作标识，只有畲族的巫师备有诸神画像，在作法事时张挂。此外，畲家供奉灶神，畲村供土地神的现象也十分普遍。

第三节　山哈做生　华老做死

畲族的巫术活动与日常生活息息相关，畲家法事注重现世，故而畲语曰：“山哈做生，华老（汉族）做死。”

一、求卜问卦

过去，畲族遇事便求卜问卦，常见的卜卦形式有两种：问凳、问神。

问凳——又称凳卦，是畲乡独有的古老占卜术。此凳长条，约1.5米，凳中有一个三脚支撑架，此凳可高、可低、可旋转，十分灵活。卜卦时，在祖宗香案前设立祖师香案，焚香膜拜后两人分坐“问凳”两头，上下左右，旋而动之，其中一人说断所卜内容。

问神——又称降神。畲家中堂设“感应灵台”，由畲家认为受神灵传授的男子主卜，其人横坐于香案前“圆梦”，念咒请神，让神灵附体，代表神灵回答所占的问题。

畲家若遇人丁病灾，六畜瘟疫时，即请畲巫驱鬼镇邪。畲巫手持法器，口念咒语，笔涂符篆，而有灾之家要将符图张贴于病人卧室门楣或受到瘟疫的猪栏牛舍，以此祛除病灾。

清醮道场为畲村最隆重的祈福型法事。农历正月，畲巫主持，保佑村内人物平安、田园大熟、六畜兴旺。举办清醮道场，长者历时3昼夜。

“清醮”的程序是：①大发奏。以符使传言奏达通天府、岳府、水府三界。②起三司。恭请本宫当境土主回宫。③召奶入夜。演示奶娘闾山学法全程。④头时（首时），请神。⑤二时，“佳提”。向东、西、南、北、中五海龙王借水，造水，洗污荡秽，起五国洪门、五方结界；跪佛座，持剑挖金井，将邪煞压入金井，封锁在内；穿九洲，走九宫；挑灯劝酒。⑥三时，请神。⑦四时，拜塔。⑧五时，祝星。村内男女老幼皆入名，掷筶杯，一户一问，合家祈求平安。⑨六时，扫坛。将妖魔鬼怪驱除出境，永不停留。⑩送神。送三界神灵归天，请本宫当境土主，手持金牌玉印，把守龙门水口。

畲家死了人，要超度死者亡灵，由畲巫主持法事，仪式简便。超度死者为了生者，这是祈福与禳灾混合型的适时法事，称为“做阴功德”，闽东畲族称为“会暝”。非正常死亡的畲家要举行“拔伤”法事。

畲族的巫师虽有法门之别，但畲族巫师自认为他们不仅有闾山之法，还兼得茅山之术。畲巫行法事的程序和吟诵的经文虽以道教文化为主，但兼融佛儒文化，还时时突出畲家氏族神灵的地位。如法事中供奉氏族神灵，法事过程重现畲族先祖坐龙坛学法事的过程，法事程序中插入齐颂《高皇歌》的内容。

畲巫施行法术时配以不同手势，各种手势统称“手诀”，俗称“雷诀”。常见的有38种“藏身诀”、4种“打鬼诀”、2种“吊楼诀”和2种“罗房诀”等。各种手诀有不同的行法功能。

罡步是畲巫基本步法，在行罡布法中以奶娘踩罡最具法术灵威。畲巫行法时，音乐伴奏，以打击乐为主。巫术乐器有龙角、三音锣、铃刀、法铃、法鼓、木鱼、大钹、小钹等。畲巫行法有时也请汉族巫师协助。在禳灾型法事中，畲巫以“奶娘踩罡”施行法术，此法术以

罡步驱鬼镇妖。遇村民久病不愈，畲巫行“十保疏”，在病家的亲戚好友中“造出”10位壮丁为病患者担保，以驱除病魔。这是一种具有精神疗法性质的法事。

二、祭祀舞蹈

畲族民间传统舞蹈主要有祭祀、丧礼和生产劳动等方面的舞蹈。畲族舞蹈多见于做功德、拔伤、打癀、祭祖等活动。主要是师公口吹龙角，手舞灵刀，在锣鼓敲打声中，边唱（或念）边舞，有独人、双人、四人或集体舞，舞姿舞步多为狩猎动作。

1. 祭祀舞

盘瓠是畲族传说中的始祖，敬祀盘瓠为畲族全民的共同心态。从唐代开始畲民就有祭祀盘瓠的习俗。而每逢祭祀盘瓠都要跳《日月舞》、《龙头舞》、《龙伞舞》和《迎祖舞》等。

祭祀舞蹈——奶娘踩罡 （作者提供）

《日月舞》表现盘古开天辟地、造日月照人间的神话，男女演员各4人，每人左右两手分执道具日（红）月（白）模型，同声齐唱：“左手拿日太阳现，右手拿月照凡间；天上日月车车转，十二时辰分得正。”伴着锣鼓钹节拍，两手转动日月模型，左右穿梭，翩翩起舞。

《龙头舞》表现祖先龙麒因帮助高辛帝平息外族侵犯有功被招为驸马的故事。跳舞队伍中有的捧祖图、有的举龙杖、有的举龙头。龙杖由房长擎举，龙头（四个）由男女各二人相对而立，用两手合举，举上举下反复数次，以示崇敬。队形有原地跳动、行进姿势、左右穿插等。

《龙伞舞》配合龙头行进，有跳跃动作，左右穿梭比较自由，随着有板有眼的锣声鼓点，边舞蹈边唱《盘瓠歌》。

《迎祖舞》表现对盘瓠王的怀念。参与者手举各色布绸制的三角旗和弩、刀、牛角号等道具，舞时有箫、笛、唢呐等乐器伴奏，舞步比较自由，间以三步一回头式的动作，表示对祖先的怀念和无限敬仰的心情。

2. 丧礼舞

畲族丧礼常伴有舞蹈。据史书记载，畲族“人死刳木纳尸其中，少长群相击中，主丧者盘旋四舞”；“击铙吹角，跳舞达旦”。

丧礼舞 （作者提供）

闽东畲族丧礼舞多姿多彩，仅为死者超度亡魂，法师就要跳《造水洗坛》、《造坛》和《造井》等十多种舞蹈。

《造水洗坛舞》，法师身穿青袍，右手持摇铃，左手掌朝上，手指呈三足鼎立状，中间托一杯清水，法师绕大厅四周，口中念念有词，

以忽蹲忽站的动作，随着缓急的铃声或慢或快地行进。同时将杯中的清水（俗称“神水”）洒向大厅的每个角落，表示洗坛，驱除邪气。

《造坛舞》，意为死者造房建屋的舞蹈。法师右手持摇铃，左手持“奏板”，手舞足蹈，法师以其细腻的舞蹈来表现造房的整个过程，整个舞蹈的动作变幻无常，造型优美。

《造井舞》，法师左手擎竹枝神幡，右手持铃刀。舞蹈以足踏“九宫”的反复动作，左右两手轮换一上一下，不断翻动，左右两脚一前一后屈蹲而行，整个身体随着手脚的动作弯转，犹如抡镐刨土、掘地造井，舞姿刚健自然，节奏清新明快。

浙南畲族为死者超度亡灵，要跳《统兵舞》，舞者六人，均为身强力壮男子。他们身着单衣，腰扎红带，手持龙角神刀，动作威武激烈，言语粗犷，声色俱厉，有唱有跳，佯装搜查暗藏的“阴兵”，将其驱赶出家门，以保丧家平安。

畲族丧礼舞，多表现对亲人的追思和告慰死者的亡灵，或驱除邪气，祈祷子孙平安。

三、畲民的葬礼

畲家丧葬实行棺木土葬。凡是年龄在36岁以上正常亡故者，葬礼有送终、陪饭、送猪、喊饭、家祭、客祭、开路、安葬等程序。

送终是将亡人未断气前搬到厅堂（或堂屋），用木椅让将亡人坐，临气绝时用银圆一块放入口内，并烧落气纸。断气后取出银圆，然后放鞭炮报丧，并用三块木板或禾簟设柳床将亡人放在柳床上。

老人亡故后用松柏叶煎水沐浴（全身洗），男性剃头，女性梳辫后盘成凤冠，无论男女均更换青衣裙（均为单件），若婚装尚在均应作为部分寿衣。男性戴官帽，扎腰带，穿布袜、布鞋。女性戴凤冠，扎腰带，穿布袜、高鼻船型花鞋。穿戴完毕，择吉时设糯米饭酒一席，扶亡人与亲属一同入席，开路师用畲家语咒念“陪饭词”，亲属向亡人举杯敬酒、敬饭，曰“陪饭”。

陪饭后，停尸于中堂柳床上，用稻草绳（反手搓）的一端系在一头猪的颈项或吊起猪的一只前脚，另一端与三穗禾米放在死者手中（男左女右），开路师咒念“送猪词”。念毕即将猪宰杀待客，称“送猪”。

死者入殓后，停于中堂，棺木脚朝向大门，棺木底下点七星灯，将倒头饭和一只煮成半熟的小鸡放在棺木口祭供死者，并在每次开饭前由开路师念“祭饭词”，请死者用饭，称“喊饭”。

到了吉日，举行家祭，死者的亲属披麻戴孝在灵柩前跪祭，待家祭完毕，孝子进灵堂。奔丧而来的亲戚朋友基本到齐后进行客祭，即让亲朋祭祀死者。

接下来是“开路”。所谓“开路”是开路师率 3～7 人为死者咒念开路词，将亡故者的灵魂引上天堂。皮鼓一响，开路歌就唱开来：

全身装新，脚走出门，跨过门楼，辞别大屋。
走到院里，跃进门栏，走到牛场，跨过冷冲。
到三岔路，达枫香坪，到老青山，达毛虫山。
到斗鸡场，达阴暗冲，到射箭坡，达卷身坡。
上望香台，达花草山，走到茶店，达天境河。
到马市街，达祖灵寨，到上帝厅，即最高层。

凡属正常亡故者，按开路词顺序引到上帝厅，留一魂在那里报到，诱二魂腾云驾雾返回地面，其中一魂守坟墓，一魂安于神龛。非正常死亡，先赎头后开路，诱引到上帝厅，交待作办打下地狱。凡属 35 岁以下的已婚或未婚男女青年死者，只能引至天境河、热闹场、花草山，

让其灵魂与此处以往亡故男女一起，让他们交朋结友。15 岁以下儿童少年夭折，只能分花树，一般不给开路。若要开路只能引到阴间花草山门，其灵魂在此玩耍，摘花种菜取乐，使其忘掉爹娘。

一般情况下，即将出殡前要为死者最后整理仪容，并将死者亡魂招入棺内，此时所有亲属、亲友最后到棺前看已故亲人，称“清棺”；而后将灵柩抬出中堂，称“出殡”；出殡前已为死者择一吉地挖坑称“井”，出殡后在天井坝稍停，将备好的熟猪肝交给开路师祭奠；抬出寨前要稍停，由死者已经出嫁的女儿用瓦罐盛水及一个碗递给开路师，开路师口念祷词，用三滴水洒在灵柩上，然后罐和碗一起击碎，灵柩再抬上路；途中仍须停一次，开路师用死者女儿的一坛酒滴三滴在棺木上，其余分给抬丧者饮，俗称“吃姑妈酒”；用酒肉菜饭等祭祀死者称“路祭”；灵柩抬到坟地，入葬后垒成坟茔，并在墓侧（男左女右）挖一个小坑供焚烧香纸用，俗称“银窖”。之后才可以将石块盖上墓穴。

出殡后，丧家设席款待奔丧亲友。畲家有死者，须要禁忌“七七”四十九天，在此期间，无论男女孝子都不允许参加唱歌等娱乐活动。“七七”期满后，孝子孝女会聚，由开路师念咒后，所有孝男孝女将手帕撕开一角，表示洗孝。之后是三年守制，丧家不许张贴红对联。

第四节　祷祝平安的岁时节庆

一、祷求风调雨顺的节日

1. 年节

也叫春节，是畲族最隆重和热闹的节日。从农历十二月廿四日的“祭灶”、“送神”畲族就开始过新年了。

祭灶神后，就准备除夕的年夜饭——"围炉"，畲族家家要蒸制"黄金糍"吃。吃"黄金糍"是畲民过新年的特色之一。畲乡流传"糯米做糍圆又圆，香麻拦糍甜粘粘"的顺口溜，表示畲家人团圆共聚天伦和来年日子更甜美的意愿。除夕夜，全家"吃隔岁"（即吃"年夜饭"），这是畲民最欢乐的时刻，一边尽情地享受美味佳肴，一边抒发追求来年日子过得更比今年好的愿望。

畲族过年——做糍粑　（作者提供）

"围炉"后，主妇挑选一根直径约七八厘米粗的楮木放在灶膛里燃烧，烧至一定火候以灰烬掩埋，使之不至熄灭，备为正月初一的火种，俗称"隔年猪（楮）"或"留隔年火种"。

除夕夜，畲民万家灯火，通宵达旦，尽情欢乐"守岁"。所谓"守岁"就是"守祟"，意在防"祟"入室伤害儿童。初一清晨，鸡鸣第一声，各个畲村不约而同打开厅门，燃放大炮（即双响纸炮），人们走村串寨，平辈互相道贺新年大吉，晚辈向长辈拜年，主妇争先恐后到井里挑水，煮线面充作早餐，寓意家人平安长寿；儿童三五成群到竹林子里"摇竹娘"，边摇边唱道："摇竹娘，摇竹娘，你长我也长，旧年

是你长，新年让我长，明年你我一样长。”以示像毛竹一样茁壮成年。青少年还参加各种娱乐游戏活动，如弈棋、“猴孵蛋”、捉迷藏、荡秋千等。

畲族的春节活动要一直持续至“元夕节”。

2. 二月二会亲节

农历二月初二会亲节，是畲族仅次于春节的传统节日，主要流行于闽东的福鼎、福安等县。所谓“会亲”，系指原由福鼎双华、福安坂中分炉至浙南、闽东各地的畲族于每年农历二月初二回祖地相聚，举行会亲活动。

会亲节　（余炳炎摄）

福鼎双华的“会亲节”规模最大，遐迩闻名。节日这一天。畲家门前都升起白底红边的三角形族旗和颇似古时“华盖”的圆伞，从双华分支出去的各地族人都盛装打扮回到祖地会亲。人群熙熙攘攘，歌声、笑声不绝于耳，宁静的山村顿时变成欢乐的海洋。特别是夕阳西下，夜幕降临，松明火照耀得如同白昼，歌会进入了高潮。人们引吭高歌，嘹亮的歌声在山野回荡，越唱兴致越浓，通宵达旦，热闹非凡。

3. 五月分龙节

每年的农历五月，畲族人民祷求风调雨顺、五谷丰登的娱乐性节日——分龙节，就要展开了。

分龙节流行于福建东部畲族地区。历代畲民信仰龙王，为防止“龙过山”损坏庄稼，便在作物落土后进行分龙。认为龙怕铁，这天便禁止动用铁器和粪桶等出门，以祈求龙王不作水患，保佑丰收。在畲族的传统习俗中，每到这个时候，各聚居地的畲族群众都要采取各种形式祷求风调雨顺、国泰民安、五谷丰登。廿一日这一天，畲族群众一律都不从事农活，人们穿上节日盛装，兴高采烈地赴歌会，在山坪、田垅对“打”山歌，歌词多歌颂劳动、喜庆丰收和表达爱情等。

1986 年 6 月 27 日（农历五月廿一日），福建省首届“分龙节”歌会在福安县富春公园举行。这次畲族历史上空前的盛会，各地畲族歌手云集。福安、霞浦、福鼎等地的成千上万畲族群众，于“分龙节”这一天会聚到福安白云山、霞浦雁头山、福鼎太姥山等地，举行群众性的登山比赛。登山地点人山人海，既有参赛者，也有前来观看助兴者。比赛的终点选在各山的峰顶，到达目的地被誉之为赴“蟠桃会”，优胜者获得“仙桃”和“仙酒”的奖赏。

入夜，盘歌开始，一对对青年男女隐没在山林里、依偎在溪涧旁，哼起美妙的情歌，憧憬美好的未来。

二、民族禁忌

畲族的民族禁忌主要有：岁时禁忌、婚姻禁忌、产忌、丧葬禁忌、称谓忌五类。

岁时禁忌——农历正月初一至初四忌扫地；除夕至正月初三，以及正月十五日，忌引火、点灯，忌借邻家用具；正月十五忌晒衣，正月二十日禁农事；春分日禁用牛，禁挑粪，禁到河中洗衣、晒衣；三

月初三忌下田；“分龙节”忌动铁器；清明节，八月初一忌锄田，挑尿桶；立秋日忌动土，禁用牛。

婚姻禁忌——女孩 18 岁禁出嫁，男孩 20 岁禁娶亲；新娘出嫁忌回头张望，迎娶途中忌遇孕妇；婚日“香火堂”上的花烛忌熄灭；婚日公婆忌见媳妇；婚后回娘家忌单日。

产忌——孕妇忌吃田螺、兔、牛肉、野兽肉，忌去婚、丧家，忌看戏，忌跨越牵牛绳、犁耙、扁担。

丧葬禁忌——丧眷与死者忌生肖相冲，如相冲生者不得为死者送葬；殡葬之时，忌棺木触碰家门两旁。

称谓忌——忌称畲族人为“畲客”、“畲客仔”、“畲客婆”等蔑称，可称其为“畲民”、“畲族人”、“山哈人”。

第四章

畲乡风情别样美

畲族拥有灿烂多彩的民族文化，它根植在畲族人民深厚广阔的生活土壤之中，一代又一代地传承、发展、繁荣，并覆盖着畲族的全部生活领域。

第一节　歌声在山乡荡漾

畲族善歌，以歌传言，能歌为荣。畲歌唱道："肚里歌饱人相敬，肚里无歌出门难。"每个畲村，一到农闲季节，在灯火荧荧的厅堂上，冬日取暖的草垛边，都有一群群男女青年围着师傅学歌，在学歌中，不但学到了唱歌本领，还学到了许多生产、生活常识和为人处世的学问。

一、盘歌

对畲家人来说，最有趣的是"盘歌"，它是畲族男女青年通过对唱山歌谈情说爱的一种方式，也是族人探亲联谊的一种文娱活动。双方你来我往地对唱，称为"盘歌"。当天"盘"不完，第二天可以继续，

如果盘歌双方旗鼓相当，往往要从晚上盘到天亮，甚至连盘几个晚上。

唱畲族山歌　（朱丽勇摄）

畲族人视对歌为他们日常生活中不可缺少的一部分，随时有歌，也随时可对歌。畲族村庄盛行陪来客对歌的风俗，每当村子里来了青年客人，本村青年们马上就活跃起来，当晚就一定得有一场通宵的歌会。若是来了年轻姑娘，就由本村的男青年陪着对歌；如果来了青年男客，就由本村妇女找他们对歌。对歌时，是由主人先开口，唱一些客气话，如果客人善于唱歌，很快就对了上来。如果客人歌少，有时会等主人唱一、两个钟头以后才开口对唱。反正，不开口是过不了关的。不会对歌的就会受到奚落，弄得你进退两难，狼狈不堪。

在对歌的风俗中，最有特色的还是“做表姐”和“作亲家伯”。凡是当年要出嫁的姑娘，她的娘舅都会来请她和她的母亲去做客，姑娘这时要穿戴最漂亮的花衫、花围裙，戴手镯、耳环等，来到娘舅村子后，村里的青年一定要来陪她对歌，这就叫“做表姐”。“做表姐”也是姑娘们在出嫁前对她们少女时代学歌成绩的一次考验。

"作亲家伯"是在娶亲的前两天，男方要请一个好歌手作全权代表，与媒人一起把礼物送到女家去，这个歌手就叫"亲家伯"。吃饭后就开始对歌，连对两个晚上。歌对得好，女方家的妇女们就不敢为难，一切以礼相待，如果对不上歌，就会被妇女们奚落，甚至让他扛犁作牛。

畲族人对歌普遍用"假声"，男女都会用假声。男子 30 岁以上，"假声"渐渐唱不出来时，就被认为是"没声"了。另外还有一种唱法叫做"平讲"，是用真声唱，音调较低，这就是那些"没声"的人唱歌的方法。还有，畲族人对歌都是清唱，很少人伴随动作。

畲族人有每逢节日和喜庆之时唱山歌的风俗，在福安、霞浦等地的畲族人还要举行规模盛大的群众性节日歌会。如正月初一、农历五月分龙节，七月初七、立秋、中秋、九月九等，畲族群众都会聚集在一起盘歌，漫山遍野都是对歌人群，歌声此起彼落，萦绕山野。

二、"连歌"和"条歌"

畲族山歌有自己相对固定和规整的格式，同时也保留了一些古代诗歌体文学的特征以及精练、生动、形象的语言艺术。畲歌大体上可以归纳为"连歌"和"条歌"两大类：

连歌，根据字面意思，连歌可以理解为连续不断地歌唱。连歌的主要特点是段落数较多，少则七八段，多则数百段，主要根据故事情节来决定，较多出现衬词，相对自由。

畲族歌曲表演各段落一般为首段格式的重复，有时也根据曲调的变化而变化，一般出现在歌曲高潮部分和结尾处。连歌常用于故事歌，如《祖宗歌》、《白蛇传》、《红楼梦》等。连歌中又有分节歌的格式。分节歌指的是歌词由年、月、四季或旧制重量单位、"十"之圆满数等顺序作为线索进行串联，常见由一月开始唱到十二月、从一两唱到十六两、从数字一唱到数字十等，每段内容互相关联，其内容包罗万象，

较多用于比较冗长的历史故事。

2. 条歌

条歌与连歌相对应，指歌曲段落数较少，一般不超过两段。这种格式应用很广，如情歌、杂歌、谜语歌、劳动歌等。但条歌的要求严密：一“条”歌分上下两首，每首四句，每句七个字，且一、三、四句末尾一字押同一韵。每条歌上下两首要表达的内容必须一致，其中字词可以重叠，但上下两首中的一、三、四句末尾字词和押韵不能雷同，即所谓“改头歌尾”。

三、多样的演唱形式

畲歌的演唱形式根据不同的场合与目的可分为 5 大类。

独唱，由单人演唱，不论是独处或者群聚都很常见的一种演唱形式。不受时间、地点、场地、人数等条件的限制，是畲族最为普遍的歌唱形式。

对唱，即畲族人所说的答歌。由两人以上演唱，不一定是固定的人，能对答即可，运用较广。劳作中，畲家人常常你一句我一首地唱起劳动歌或杂歌，既消除疲劳又增添乐趣；在山路上行走遇见路人，畲家人以歌代言，互打招呼；更多的见于青年男女用歌声来谈情说爱，以歌传情，交流情感，在歌声中增进了双方的了解，为婚恋打下基础。

重唱，即畲族人所说的“双条落”。由两人或两人以上演唱，一般有两个声部，中间穿插齐唱，演唱者必须要有较强的歌唱水平和互相配合的能力，常见于小聚会场合，或是节日喜庆场面。

轮唱，也是由两人或两人以上演唱，没有声部，一前一后演唱同一曲调，结尾一般同时结束。对演唱者的水平不做较高要求，互相不受影响即可，一般在聚会场合演唱。

讲歌，用于学歌时所用，由讲授者以口授形式将唱歌的基本方法、曲调特点、形式种类等，结合示范演唱，对学歌者进行指导。最典型的是畲族姑娘出嫁前必须到亲友家中做客，学唱哭嫁歌。

第二节　传唱的文学

福建省霞清县溪南镇白露畲族村拥有一项“国家级非物质文化遗产”——畲族小说歌。畲族一代“歌王”钟学吉，站在自家小院里即兴唱上一段：“笔头落纸字来真，道出明朝一段情，明朝传下第三帝，永乐皇帝坐龙廷……”声音嘹亮，于起伏高低的旋律中娓娓道出了一段历史。

畲族人从小就从长辈那里听来许多民歌，这些民歌曲调优美，歌词平实，朗朗上口，听一遍就能牢牢记住。记住歌词就获取了许多知识，畲族儿童的启蒙教育就是从这些民歌开始的。

畲歌可分叙事歌、小说歌、山歌三种类型。

一、叙事歌

叙事歌中有的反映本民族的斗争历史，歌颂民族祖先的英雄业绩，一般由有名望的歌手在祭祀时歌唱，或由老族长边唱边讲述。《高皇歌》是最具有代表性的叙事歌。

《高皇歌》又称《盘古歌》、《龙王歌》，被视作畲族民族文化符号与文化表征的史诗。民间有以汉字注畲音的抄本流传，七字一句，四句一条，历经世代手抄相传，版本各异，但主要内容基本相同。其审美意义在盘古开天地和龙麒平番的一连串对本族历史和神话的宏大叙事中凸显。在《高皇歌》的前半部分，这样的表达模式始终贯穿在文本叙事中，如：

> 番王酒醉眠高楼，身盖金被银枕头；文武朝官唔随后，龙麒割断番王头。割断王头过海河，番边贼子赶来多；枪刀好似林竹笋，追其唔着无奈何。番兵番将追过来，云露雾来似云盖；番边番兵追唔着，其追唔着往后退。割来王头过海洋，神仙老君来相帮；腾云驾雾游过海，官兵接头使盘装。

在龙麒平番、高辛赐姓之后，史诗的叙事虽然在持续演进，但是叙事内容已经不是前半部分的宏大叙述视角，而是形象化地建构出畲民农耕狩猎的生活形式，以及迁徙的历史脉络。

史诗的叙事内容，由历史和神话转换成为他们日常的劳作生活等的微小叙事。例如，“凤凰山上鸟兽多，若好食肉自去罗，手擎弓箭上山射，老虎山猪麂鹿何”；“龙麒起身去广东，文武朝官都来送，凤凰山上去落业，山场土地由其种”。再如，“凤凰山上去开基，作山打铳都由其，山林树木由其管，旺出子孙成大批”。

除了《高皇歌》，畲族历史歌本还有《麟豹王歌》、《古老歌》。《麟豹王歌》也是歌唱盘瓠王的传说，在歌中也称盘瓠王为龙麒，但对盘瓠王与高辛帝的关系作了相反的叙述：龙麒因征战立功，高辛王将其招为驸马，后又为高辛帝所害，三公主愤然出走，在山村中将儿子养大成人，并世代生活在山上。《古老歌》也叫《火烧天火烧地歌》，叙唱远古两兄妹，突遭天降大火，世间万物化为灰烬。兄妹躲入石猪腹中，幸免于难。灾后石猪授以生产、生活技能，并撮合兄妹结为夫妻，生男育女，自此人类得以繁衍。此歌属创世史诗。

畲歌中还有其他大量反映历代王朝兴替以及封建统治者带给劳动人民无尽灾难的叙事歌，如《末朝歌》、《封金山》、《元朝十八帝》、《灾荒歌》等。《封金山》主要流行于浙西、浙南，全歌伪托高辛帝当年曾封给畲族一座金山，描绘了畲家的“理想国”生活。

二、小说歌

小说歌最初由畲族歌手中一些能识字、懂汉族章回小说和评话唱本的畲民，将其改编成诗歌体口头唱本和手抄唱本，并结合本民族语言特点，进行再创作的民间文学。

畲族没有文字，千百年来靠歌记述历史，教育后人。小说歌内容主要包括两种：

一类是根据本民族流传的英雄人物编写的长篇叙事诗，也称诗体小说。如《钟良弼告阻考》、《插花娘》、《钟景祺》、《蓝佃玉》等名篇。

《钟良弼告阻考》在闽东、浙南畲族群众中广为流传。唱的是清嘉庆七年（1802 年）福建福鼎县畲族童生钟良弼，到福宁府考秀才，当时县书王万年串通生监，诬指畲民是“犬养”，是“贱民”，把钟赶出考场。此事激起闽东、浙南畲族公愤，钟良弼不服，回家变卖家财，并得到众亲族资助，从县呈控到省，最终由福建巡抚李殿图亲自审理，取得胜诉，有关人犯受到应有的处分，钟良弼得中第 20 名秀才。

《插花娘》流传于浙江丽水、温州两地区，唱的是浙江松阳县茅弄村畲族姑娘蓝春花，到原宣平县马村，给财主当佣工。财主婆多方刁难，但她心灵手巧，叫她做的事件件会做，样样做得好。财主看她才貌出众，要娶她做第五房小老婆，蓝春花逃避回家。财主带一帮奴才走狗，赶到茅弄村，把全村父老吊绑起来，迫交春花。为救乡亲，春花佯装愿嫁，当花轿抬到横岚山顶时，春花纵身跳崖而亡。送她出嫁的姐妹们唱起哀歌，摘来一朵朵洁白的山茶花插在她头上、铺在她身旁，以缅怀美丽刚烈的畲家姑娘。

还有一类是根据汉族章回小说或评话唱本改编的叙事诗，如《白蛇传》、《山伯英台》、《孟姜女》、《陈三五娘》、《奶娘传》、《林则徐》、《铁弓缘》等，计有 100 多篇。这些小说歌，虽然文学和历史价值稍逊

于前者，但因为章回小说本身在群众中广泛流传，影响深远，编成小说歌也很受畲族群众的欢迎。

三、山歌

畲族山歌又称杂歌。杂歌是所有畲族山歌中最具艺术性、趣味性和文学性的一种，其内容丰富，常常歌唱生活中的琐事细节、抒发个人对人情物事的看法和喜好，以短小精悍为主。山歌是畲民族中最丰富多彩、最生动活泼、最有生活情趣的民间歌诗，这些歌诗，大部分是临场即兴，随编随唱的心声，寓意深刻，充分展现了歌者的才华。

山歌内容根据不同题材可分为历史歌、故事歌、情歌、劳动歌、谜语歌、杂歌，以及新中国成立以后的解放歌七大类，反映出从古至今畲族人民社会生活的面貌，不同历史时期畲族人民的思想情感，扬善弃恶，表达了对幸福生活的追求和对悠然情怀的向往。

畲族地区大都是革命根据地，畲族人民在中国共产党的领导下，建立革命根据地，编唱出许多激励人民参加革命斗争的歌言，如《十送郎》、《1934 年革命歌》、《红军带领万人众》等。新中国成立后，畲族人民高唱时代新民歌，如《我爱畲山好地方》、《十望宁德畲村》、《畲山路》等。

第三节　奇趣的畲家习俗

一、盛大的“三月三”

“三月三”是中华民族传统的“踏青节”，原与清明的祭祖、扫墓相连，后经演变，各地内容不一。畲族的“三月三”民俗节，称为“乌饭节”和“对歌节”，充满了民族的特征和情趣。每年的“三月三”

来临，畲村的畲民就会三五成群聚集在一起，以他们独特的形式庆祝自己的节日。畲族男女踏青归来都要采回一种叫做“粘米乌”（乌稔）的植物，捣烂之后熬成汤汁，用它浸泡糯米，蒸成“乌饭”食用。

乌米饭　（作者提供）

畲族“三月三”的来历有多种传说：其一，“三月三”为米谷生日，畲民要给米谷穿上衣服，故涂上一层颜色，祈祝丰年；其二，三月三虫蚁大作，畲民吃了乌饭，上山下地不怕虫蚁；其三，古时畲军与敌兵交战时，敌人常来抢米饭，畲民故意将米饭染黑，敌人怕中毒，不敢问津，畲民便安稳吃饭，有气力打败敌兵；其四，唐代畲族英雄雷万兴被关在牢房，他一顿能吃一斗米，母亲送来的饭却都被狱卒抢去，雷万兴设法让母亲将米饭染黑，从此，狱卒再也不动乌饭。以后，雷万兴越狱，于农历三月初三战死沙场，族人每年以乌饭悼念他。

关于畲族“乌饭节”最为盛行的说法是：雷万兴率领畲军抗击官兵，他们被围困在大山里，粮食断绝，以乌稔果充饥，为畲军度过春荒，并取得反围剿的胜利。雷万兴回军营吃尽鱼肉酒菜都感乏味，时值三月初三，他想吃乌稔果，就吩咐兵卒出营采撷。可是，这时乌稔尚未开花，那些兵卒只好采些乌稔叶子回来，有人出个主意，将乌稔叶和糯米一起炊煮，结果糯米饭呈现乌黑色，而且味道特佳，雷万兴吃了食欲大振，于是下令大量制作乌饭，以纪念抗敌胜利。从此，吃乌饭衍成风俗，世代相袭。

在“三月三”最令来客兴奋的是人群中色彩夺目的服饰。这一天，

山里人都穿上畲民族最漂亮的服装，在外人面前亮相。最引人注目的是畲家姑娘们的装扮，平时压在箱底的银项圈、银手镯、银耳环、银头簪、银梳子今天都穿戴出来，这些银饰在阳光下闪闪发光；衣服也是绣有各式各样图案的精工绣品；有的妇女还特意穿上她们的嫁衣。“三月三”俨然成为女人们比银饰、比绣工的隆重节日。

幸福的三月三　（吴建德摄）

唱畲歌是当日的重头戏。对歌时男女三五成群结队，双方选定后即开始对歌，歌词多为情歌，所涉极其广泛，在“谈情说爱”的一问一答中，歌唱出民族的现实生活和历史传说。其歌词旧时多为即兴编唱的，如今也有利用传承歌词的。歌曲的曲调虽单一重复，却能婉转悠扬。这种对歌，传统上往往从傍晚开始，直到天亮，也有昼夜连续歌唱的，其规模壮观，以人如海、歌如潮来形容，一点也不为过。

二、畲家美食

1. 主食

畲族的日常主食以米为主，除米饭外，还有以稻米制作成的各种糕点，统称为“粿”。

畲家常食的米饭有籼、粳、糯三种。从黏性上分，糯米最黏，粳米次之。籼米基本无什么黏性，但籼米出饭最多，畲家食用的米饭以籼米最为普遍。籼米也常被用来制作粉干，即将籼米磨成粉，加馊饭揉成团蒸熟，再用粉干机压挤成丝状，蒸透即可食用，也可晒干长期保存。粉干味素可口，适于怕油腻者食用。籼米加部分粳米磨成粉可蒸成各种糕：将米粉调成糊状，蒸成水糕；如加入红糖蒸熟称勺糖糕或红糕；加入碱水蒸熟称黄糕；只加盐称白糕，统称水糕，蒸好后可以存放。糖糕表面加上芝麻、花生等，晾硬存放，吃时再蒸软。黄糕可用灰碱水浸泡保存，食用时杂以其他菜肴加汤煮食。

打糍粑　（作者提供）

粳米主要用来制作年糕，制作时先把粳米粉揉成团蒸熟，放入年糕挤压机加压即成；也可选用一种当地产的特殊灌木烧成灰，加水浸泡后析出碱水，把粳米放入水中浸涨，去水后倒入蒸笼中蒸透，再放入臼中舂成团，搓成500～1000克左右的长扁形粿条；也可用酒炒软，作为旅行和劳动中的食品，冷时不硬，

可以随时食用。

糯米多用来酿酒、打糍粑。用糯米做糍粑是先把糯米蒸熟，然后置入臼内舂成团，搓成月饼大小的饼子，蘸红糖和芝麻粉趁热吃，香甜细软。畲族民间有“冷粽热麻糍”之说，意为糍粑只有热吃才有味道。

除米饭外，番薯也是畲族农家主食之一。番薯除直接煮熟外，大都是先切成丝，洗去淀粉，晒干踏实存于仓或桶内，供全年食用。也有先把番薯熟煮，切成条晒成干长期存放。煮熟晒干的番薯大都作为干粮，直接食用。民间有的人把生番薯切成片，放入滚水中煮成八成熟，捞出风干或晒干，再用沙炒或油炸，过年过节常吃，并用来招待客人。番薯丝洗出的淀粉经过几次过滤后，晒干，少部分用作干淀粉做菜，大部分用来做粉丝。做法是把干淀粉用水拌成糊，用蒸笼蒸熟，冷却变硬后刨成丝，晒干即成。粉丝是畲家招待客人制作点心和菜肴的重要原料。

2. 副食

畲族的肉食食用最多的是猪肉，一般多用来炒菜。畲家大都喜食热菜，一般家家都备有火锅，以便边煮边吃。除常见蔬菜外，豆腐也经常食用，农家招待客人最常见的佳肴是“豆腐娘”，即先把黄豆洗净用水浸涨，再用石磨（现在有的地方用电磨）磨成浆，再用温火烧熟，配以辅料，其味道非常鲜美。

畲民常用辣椒、萝卜、芋头、鲜笋和姜做成卤咸菜，其中以卤姜最具特色。用以做菜的竹笋有雷竹、金竹、乌桂竹、石竹、牡丹竹、蛙竹等10余种之多。竹笋差不多是畲家四季不断的蔬菜。有这样的说法：一年十二个月中只有八月无笋，用茭白替代。竹笋除鲜吃外，还可制作笋干长期保存。制作干笋时先将鲜笋煮熟，撕成两半，晒干或熏干即可。在景宁一带的畲家制作干笋时，先将鲜笋切成片，加盐猛火炒熟，再用文火焙干，装入竹筒内，民间称这种干笋为“扑笋”。

畲族的酒多以白酒和自家酿制的糯米酒为主。白酒有明烧和暗烧两种。景宁山区还有一种绿曲酒颇具特色。

3. 食俗

畲家很重视传统节日，在节日期间除酒肉必不可少外，每个节日吃什么都有一定的传统习惯。如“三月三”吃乌饭，清明节吃清明粿，端午节包粽子等，但不论过什么节日都要做糍粑。成年人过生日除杀鸡、宰鸭外，也要做糍粑。畲家有句俗语：“大人生日一臼粿，小孩生日一双蛋。”祭祖时要备两杯酒、一杯茶、三荤三素六碗菜，外加上不同时节的粿。

畲家土菜 （景宁宣传部提供）

有客人到门，都要先敬茶，一般要喝两道。有一种说法：“喝一碗茶是无情茶。”还有一种说法：“一碗苦，两碗补，三碗洗洗嘴。”客人

只要接过主人的茶，就必须喝第二碗。如果客人很口渴，可以事先说明，直至喝满意为止。若来者是女客，主人还要摆上瓜子、花生、炒豆、干菜等零食。

4. 畲家点心

畲家乌米饭——乌米饭为农历“三月三”食用。乌米饭的制法，是用山上的一种野生植物乌稔树（属杜鹃科）的叶子，放到石臼舂碎后，贮到布袋里，连袋放到铁锅里，加适量的水熬汤，让它释出紫黑色的汤汁来，而后去掉袋里叶渣，将精选的糯米泡进汤汁里，几小时后，捞起放到木盆里蒸熟即成。乌米饭色泽乌黑发蓝，香软可口。由于乌稔能起到开脾、防腐的作用，故将乌米饭放在通风阴凉处，数日不腐。食用乌米饭有准备春耕，迎接丰收的象征意义。

包粽子　（作者提供）

菅叶粽——菅叶粽俗称“菅粽”，通常在端阳节和分龙节时食用。

制作方法：将精选优质糯米倒入黄碱水里浸泡若干小时，拿两片菅叶对折成一条槽底，而后舀碱水泡过的糯米放叶槽中，成为一条20厘米长玉米棒子状的菅叶粽，放到锅里煮十余小时遂成。每逢端午节，菅叶粽除供敬奉祖宗外，还用以馈赠亲友。

三、茶俗

很久以前，茶就与畲族人民结下不解之缘，形成畲山无处不种茶，畲民无时不喝茶的习俗。在畲族的思想意识中，茶叶具有驱除邪气的功用。

畲家人高朋满座时离不开茶，劳动闲聊时也离不开茶，来客上门，先用茶水相待，以茶来沟通情感，然后才开口畅谈，否则，人家就认为不礼貌："到某某家连茶水都没有喝。"

凡是酒宴，也要先饮茶，然后喝酒。逢年过节也离不开茶。大年初一，全家人团聚饮糖茶，然后开饭。在一个院子里，若住几家人，就要按户泡几盘糖茶，分别送到各户进行相互祝贺。正月头一次"出行"归来，要喝"出行茶"；正月初五大扫除完毕也要喝糖茶，有意让小孩们说："甜割来！甜割来！"借用"甜"的谐音"田"，预祝田园大熟、五谷丰登。

"茶树为常青树，是至性不移之物。"畲家女子受聘，以茶为聘礼，谓之"吃茶"。而婚嫁用茶，最为有趣的是饮"宝塔茶"。

畲族"宝塔茶"是福建福安畲族独具特色的婚嫁习俗，在福安与霞浦交界的松罗、溪尾一带畲族聚居地广为流行。畲族青年男女结婚的前两天，男方必须挑选一位精明能干、能歌善舞的男子当"亲家伯"或称"迎亲伯"。他全权代表男方，挑上猪肉、禽蛋等聘礼，前往女家接亲。男方送来的礼品要一一摆在桌上展示。"亲家嫂"会取猪肉、禽蛋等过秤，亲家伯一语双关地问道："亲家嫂，有称（有亲）无？"亲家嫂连声答道："有称（有亲）！有称（有亲）！"接着，"亲家嫂"用樟木红漆八角茶盘捧出5碗热茶，这5碗热茶像叠罗汉式叠成3层：一碗垫底，中间3碗，围成梅花状，顶上再压一碗，呈宝塔形。然后，恭恭敬敬地献给"亲家伯"品尝。"亲家伯"饮用时，要用牙齿咬住宝塔顶上的那碗茶，以双手挟住中间那3碗茶，连同底层的那碗茶，分别递给4位轿夫，他自己则一口饮尽咬着的那碗热茶。这简直就是高难度的杂技表演。要是把茶水溅了或倒了，不但大伙无茶喝，还会遭到"亲家嫂"的奚落。

敬献宝塔茶　（作者提供）

"亲家嫂"向"亲家伯"敬"宝塔茶"时，通常还有一段对歌。例如，当"亲家嫂"端出"宝塔茶"时，就会唱道："茶是好茶，我说大哥呀，茶是小姑子亲手采的，就等这一天来临好敬客。一碗一碗垒起，一天一天盼啊，日子都已垒成塔。人是佳人，小姑子要出阁，就请大哥你喝下这一碗碗茶。"此时，"亲家伯"也以歌回应："茶是好茶，我说大嫂呀，这茶是我家小弟亲手帮着做的，正配大嫂的好手艺。这一碗碗呀，情浓于茶。人是俊郎，小弟今天迎娶佳人，我说大嫂呀，一碗一碗拆下喝了，好日子还得从头来。"

有时“亲家嫂”向“亲家伯”敬“宝塔茶”时，唱的是：“迎新花轿进娘家，大男细女笑哈哈；树梢橄榄果未黄，先敬一盘‘宝塔茶’。”唱罢即给“亲家伯”敬茶，但“亲家伯”不能马上用手接第一碗茶，而要先和唱一段：“端凳郎坐真客气，又来泡茶更细腻；清水泡茶甜如蜜，宝塔浓茶长情意。”唱毕才按上述的办法去接“宝塔茶”，并加以分发，且要喝完。

正如畲歌里唱的那样：“人情流在碗中央，我郎接茶未在行，也知这茶真好吃，人情尽好水会香。”畲家泡茶有多种讲究，多种方式，如“宝塔茶”、“皇帝茶”、“新娘茶”、“合欢茶”、“四大姓氏茶”，等等，都可以演绎出美好的“茶艺”。

畲族茶艺表演 （张向阳摄）

以凤凰茶为例，畲族凤凰茶道表演共分八个步骤：

凤凰嬉水——指浅绿色的艾叶在水中涤洗，艾叶形似凤凰而取名。

凤盏溜珠——指红蛋在似月牙状的白银器皿中涤洗，喻义新的生命接受大自然的洗礼。

丹凤栖梧——珠形圆状物在这里指蛋黄，艾叶又似梧桐叶，喻义

凤凰在梧桐树上栖息。

凤穴求芽——茶壶盖口喻穴，茶叶喻为芽，这里指茶叶放置于茶壶中，暗喻凤求凰，有交媾之意。

凤舞银河——指茶壶的水流泻出的形状像天上的银河，凤凰在银河上翩翩起舞状。

白龙缠凤——指壶的“流”直对“银盏”下泻时水流的缠绕状而取名，暗喻二物缠绵之意。

凤凰沐浴——滚烫的大水壶往茶杯下泻浇灌，似淋浴状，这里暗喻凤凰在“凤凰池”中接受大自然的沐浴。

金凤呈祥——“凤凰茶”泡制完成后所呈现的景象，像一只金色的凤凰在梧桐树梢上，白云缠绕金色的太阳，相互映衬，暗喻凤凰来到人间把幸福、吉祥无私地奉献给所有热爱生活的人们。

四、居住畲“寮”

畲民称住房为“寮”。每到一个地方安家时，在其开垦山地附近较平坦而有水源的山脚或山腰搭草棚居住。草棚结构简单，两端用两条有桠杈木料作柱，中间架条横木做栋梁，两边架若干小木料，上端用山藤捆扎于栋梁，下端着地，以结成的草片作盖瓦，称为“草棚”，全家卧室、厨房均在棚内。

定居后，在“草棚”基础上逐步改建为“草寮”。“草寮”构造为一字形，周围筑有泥墙，分为三间，中间为堂屋，堂壁靠泥墙，摆设祖宗神龛，右间为厨房，左间为卧室。卧室除周围是泥墙外，楼用竹作筋，加上约10厘米泥土筑成泥楼，这种卧室称“土库”，或叫“泥间”，冬暖夏凉，还具有防火作用。

畲族居住的山区冬季较为寒冷。过去，畲民十分贫穷，冬天衣着单薄，家家户户，男女老少都有烤火的习惯，称“灼火”。烤火地点是

畲寮 （作者提供）

在锅灶门外的“火炉塘”烧柴烤，建灶时就要计划“火炉塘”烤火位置。天气寒冷时，清早起来就坐火炉塘，夜晚更要坐火炉塘，老人则从早到晚坐火炉塘，来客也坐火炉塘。大冷天，三餐吃饭、学歌、议事也坐火炉塘。许多地方畲民在“堂前”专设暖间，内置火炉塘，上摆方桌，塘内燃炭火，家人围桌而坐，冷天炭火不熄。

清末至民国时期，畲民开始建起瓦房，有的则在原住草房基础上先改建厨房为瓦房，然后整幢改建，改建的瓦房大都保留“土库”卧室。

新中国成立以后，畲民生活不断改善，住房条件亦有改善，大多已建起瓦房，住草房者仅仅极少数特困户。经济条件较好的地区已逐步建造新式房屋。

第四节　男人的武功　女人的衣装

畲族男子几乎人人会几手防身功夫，学武一为防身、二为强身、三为助人，绝对不会仗着有功夫底子就恃强凌弱。畲家女子喜欢强壮的畲家汉子；而畲家汉子则青睐心灵手巧会装扮的女子。

一、畲家武术的独门绝技

1. 畲拳、畲棍

畲族武术有拳术、棍术、刀术、气功等，重在强身健体，防身护身，攻防别具一格，虎虎生威。畲族武术以畲族拳最为著名，棍术次之。

畲拳是畲族独创的一门武术技艺，已有300多年的历史。创编者名叫雷乌龙，人们尊称为“乌龙公”。畲族拳是南少林武功中的一个流派，它具有南拳步稳势烈，发出短猛，擅用手法，防守门户严谨，进

畲家武术　（作者提供）

攻多用指法、掌法的特点。畲族拳在演练中“眼似铜铃，嘴像狮形”，讲究形象威武、雄伟彪悍，效仿虎之勇猛之形，豹之悍烈之势，常配合稳健的步法，气势雄壮的震脚，以威慑敌手，达到从心理上战胜对方的目的。

发力刚猛是南派武功的主要特点，畲族拳也是如此，除具有一整套传统的如戴石帽、劈树桩、插竹把、抓石豆腐等训练功法外，也很重视气与劲的配合。其“千招易躲，巨力难防”之拳谚，正说明这一点。其发力动作要求气息吞吐浮沉的配合，发劲借助积蓄的“气”将“力”猛烈催发，即所指的“以气催力”。畲族拳的发劲常伴有“咳”、“嗨”的吼声，以助发力和拳威。

畲族拳的手法极其丰富，其中以指法掌法最为多见，且招招实用，攻击敌人要害，故谓之“手狠”。演练中有一指点穴、二指摸珠、二指锁喉、三指挑裆、四指插肋、五指抓拿等手法。畲族拳师必练“铁砂掌”、“竹把功”等操指掌的硬功，从而使其达到一定的硬度，在实战中多以掌指伤人要害处。

畲族拳是流传在畲民族中的拳种，很少与外界交流，故仍保留着其古老的传统风貌。此拳重在防身，讲究礼让，后发而先至。在畲族拳师中流传着这样一句话：“练拳习武亦修德，一练筋骨，二练技，三打不平，四养性。”由此可见畲族拳师是十分重视武德教育的。

在拳术之乡福建罗源县八井村，有一半以上的人会拳术。上自古稀老人，下至学龄儿童，不论男女都有练拳习武的爱好。畲家拳的流派和套路有数十种之多，练功的方法很特别，如练铁砂掌之前，先砍一节粗壮的竹筒，内装一条毒蛇，蛇腐烂后，练武者将手插进竹筒，蛇毒使其手奇痒难忍，亟须插入米糠、谷子或沙子及铁砂中摩擦，久之则皮肉坚硬。

由于畲族棍术器械的长短及其功用有别，又有不同的名称：一种

叫丈八棍，长 1 丈 2 尺，由单人耍弄；另一种叫齐眉棍（盘柴缒），长 6 尺或 4 尺 8 寸，供两人对打。畲族棍术动作复杂多样，其招式有 7 步、9 步、猴子翻身、双头槌、3 步跳、4 步半、天观地测等。畲族的武术器具就是身边的生产工具，拐杖、锄头、扁担等，随手抄起就是习武器械。

2. 金斗洋“豹子师傅”传奇

福安市康厝畲族乡金斗洋村有畲族“武术之乡”之称，金斗洋因拳师辈出而享誉八方。金斗洋拳术充分展示了畲族人民刚健尚武的性格特点，在畲族地区广泛流传，成了中国畲族拳术的一个代表。

畲家人传说在上祖时候，金斗洋有个很有本事的人，排辈三十二，大家都叫他“三十二公”，因为他的拳术好，打得过虎豹，所以又称他“豹子师傅”。豹子师傅从小喜欢练武，那时候，泉州南少林有个和尚，逃灾避难到金斗洋，豹子师傅就拜他为师。豹子师傅为了练铁掌，到山上采来“乌蚁窝”煮汤，两只手先放在汤里洗，洗后手痛痒，就用手打柱子、打板壁，拼命摔拼命打练功夫，时间长了，就不知疼痛了。后来，他又上山砍来小竹子，把竹子捆成柱子那么大的一捆，用手掌往竹捆间穿插。练到后来，他能从竹捆这边插进去，从那边钩一枝竹子出来。天长日久，他的手指像钢针，手掌像铁板，练成了铁掌。以后又练“飞”，先是在脚踝中间各绑一块石头，石阶一级一级地往上跳，石阶跳完了跳凳子，练到后来，他平地一跳，能“飞”起几丈高，过墙上屋像走平地一样。

有一年，一群劫匪来到板洋（今社口坦洋）茶庄，抢采茶女，劫百姓财物，板洋人就到金斗洋求豹子师傅解救。豹子师傅听后一口气赶到板洋。劫匪把抢去的妇女关在祠堂里，豹子师傅飞到祠堂屋顶上，叫劫匪开门放人，突然，祠堂内飞出几个劫匪来，个个脚趾上都藏有匕首、利器，豹子师傅看得真切，头一个劫匪飞来，他一闪身，双手就像铁钳一样钳住他的双脚，大喝一声，把他撕成了两爿。第二个劫匪从背后飞来，豹子师傅一个“鲤鱼翻身”，又把他撕成两爿。第三个、第四个劫匪见势不妙，来个两面夹攻，豹子师傅一手一个，都把他们撕了。其余劫匪见豹子师傅十分厉害，个个跪下求饶，只求活命逃走，不敢再来。

豹子师傅回到家，照样白天下地劳动，晚间习武不停。有一天，他下田劳作回来，见厅堂上坐着10来个“乞丐”。他娘说：“仔啊，这些乞丐呼喊着要钱要粮，我拿了点谷子给他们，他们不要，把柱石踢到天井下，又把舂米的石臼抱起来扔到屋外去了。”他听了后，就走到天井下把柱石捡回来，托起柱子把柱石垫到原位处，再把草坪上的石臼抱回来，摆到大厅边，接着一边手拿起磨盘当扇子扇，另一边手拿竹头烟杆吸烟。“乞丐”看他脸不红气不喘，吓得一溜烟跑了。原来这群“乞丐”就是作恶的劫匪同伙。

今天，金斗洋人仍然练拳不辍。为了更好地培养畲拳接班人，金斗洋还开设了武馆，组织青少年武术爱好者进行正规训练，使畲拳这一民族传统文化的奇葩永不凋谢。

3. 打尺寸

居住在福建、浙江、广东等地的畲族人民在“二月二”歌会和平时空闲的时间里，都喜欢打“尺寸”。即许多人在空地上围成一个大圆圈，一人站在圈内，手持一根一尺多长叫做“尺”的小木棍，还有一根筷子般长短的叫做“寸”的小竹条。圈内人以木棍击打竹条，使竹条旋转着向前飞去，圈外的人便跑着去接。要是竹条落地，就马上拣起向圈内投去，圈内人可以用手接住，也可以用木棍再将竹条击回去。圈外人如能将“寸”接住，就算得胜。得胜者便要替换圈内的人，成为运动核心人物。这种既紧张又充满欢乐的畲族独特体育活动是怎样来的呢？这里还有个故事。

传说在唐代，畲族英雄蓝凤高率领畲军在福建汀州抵抗官军的围剿。由于多数畲军是猎手出身，他们手执弓弩、竹箭，百发中百，把官军杀得落花流水。后来官军开来大批援兵冲杀过来，蓝凤高见寡不敌众，便命令畲军渡江撤退，自己一人断后。双方对打一阵，官军见他英勇过人，不敢逼近，便集中弓箭手一齐向蓝凤高射击。蓝凤高在奋力还击中，因用力过猛，把弓弦拉断了。情势紧急中，他一边挥舞手中的弓弦拨挡官军射来的乱箭，一边乘船后退。官军怕他勇猛，又不知对岸虚实，不敢过江。蓝凤高终于守住了汀州城。后来，畲族子孙为了纪念蓝凤高机智、勇敢的精神，练习以弓击乱箭的本领，每逢节日或农闲时候，就围在空场上打“尺寸”。

二、畲族妇女的凤凰装

和中国其他少数民族一样，畲族也有自己独特的装束和打扮。尤其是妇女的服饰保持着独特的民族色彩。

相传畲族始祖盘瓠王率领族人移居祖地广东凤凰山繁衍生息，遂以传说中美丽的凤凰为本族人的图腾符号，凡本族人生下女儿，均赐予凤凰装束，世代相传，沿袭至今。她们头戴凤冠、脚穿花鞋、身穿花边衣服、腰系花带。

畲族姑娘　（作者提供）

每逢节日，闹市中，来自各地的畲族妇女打扮得五色缤纷、光彩耀眼。

畲族服饰特色主要体现在妇女装扮上，被称为“凤凰装”：红头绳扎的长辫高盘于头顶，象征着凤头；衣裳、围裙上用大红、桃红、杏黄及金银丝线镶绣出五彩缤纷的花边图案，象征着凤凰的颈项、腰身和羽毛；扎在腰后飘荡不定的金色腰带头，象征着凤尾；佩于全身的叮当作响的银饰，象征着凤鸣。已婚妇女一般头戴“凤冠”。它是在精制的细竹管外包上红布帕，悬一条30多厘米长、3厘米宽的红绫做成的。冠上有一块圆银牌，下垂3个小银牌于前额，称为“龙髻”，表示是“三公主”戴的凤冠。

畲族妇女的服装大多是用自织的苎麻布制作，有黑、蓝两色，黑色居多，衣服是右开襟，衣领、袖口、右襟多镶有彩色花边，一般来说，花多、边纹宽的是中青年妇女的服装。她们均系一条一尺多宽的围裙，腰间还束一条花腰带，亦叫合手巾带，宽四厘米，长一米余，上面有各种装饰花纹，也有绣上“百年合好”、“五世其昌”等吉祥语句的。还有的是用蓝印花布制作的，束上它别有一番风采。衣服和围裙上亦绣有各种花卉、鸟兽及几何图案，五彩缤纷，十分好看。此外，有些地区的畲族妇女系黑色短裙，穿尖头有穗的绣花鞋；有的喜爱系罗裙，裙长及脚面，周围绣有花边，中间绣有白云图案；还有的不分季节，一年到头穿短裤，裤脚镶有锯齿形花边，裹黑色绑腿，赤脚。

凤冠 （作者提供）

畲族女子的“凤凰装”随着年龄的不同，有严格的区分。共分大、小、老三种：“小凤凰装”为未成年女子穿着，样式和穿法同“大凤凰装”无异，只是相对简约，显得单纯、活泼、可爱；而“老凤凰装”则是老年妇女穿着，头髻较低，衣服和腰带的颜色、花纹也较为单一，体现出庄重、沉稳的风采。

畲家姐妹　（树影摄）

凤凰装以闽东诸县最有特色，一般为大襟衫。其共同特点是上衣多刺绣，尤其是福建福鼎和霞浦的女上装，在衣领、大襟、服斗甚至袖口上都有各色刺绣花纹图案和花鸟龙凤图案。在气候热的地区，妇女们不分季节都穿短裤，裹绑腿，腰间束彩色条带。头发盘梳在头顶上，成螺状或者盘状，上绕红色绒线。

福安的凤凰装上衣沿服斗的边上缝一条 3～4 厘米的红布边，边下端靠袖头之处绣半个方形的角隅花纹，畲家称，这是上古高辛帝赐封时所盖的金印。福鼎女服在右边襟袖间有两条比衣襟还长的红色绣花飘带。霞浦县畲女上衣尺寸特异，即前后裾等长，大襟上有服斗，小襟上也连做一个服斗，便于翻穿，做客时穿正面，日常在家穿背面，同时衣服按绣红色花边的多寡分为“一红衣”、“二红衣”和“三红衣”。

第五章

盘蓝雷钟一家亲

畲族婚俗实行一夫一妻制。自古畲族实行族内婚，以雷、蓝、盘、钟四姓互相婚配。现代社会畲汉通婚日趋增多。畲族婚嫁方式多样，有女嫁男、男嫁女、做两头家等形式。畲家婚礼仪式复杂、环节众多，接亲之路要经过重重考验才能成功。

第一节　莫嫁阜老做妻人

一、族内婚、同姓禁通婚

畲族的婚姻制度，历来都是一夫一妻制，纳妾现象极少。由于畲族妇女一贯参加生产劳动，故在家庭中的地位较高，受到家人的尊重，婆婆虐待媳妇的现象极少。不管离婚还是改嫁，妇女都有一定的自主权。

畲族一般不同外族尤其是汉族通婚，男子可以娶汉族女子为妻。畲族女子若嫁给汉人，则会受到家人与同族人的非议。在《高皇歌》里就有对畲族箴言式的劝告："当初皇帝话言真，盘蓝雷钟好结亲；千

万男女莫作贱，莫嫁阜老（指汉人）做妻人。”“当初出朝在广东，盘蓝雷钟共祖宗；养女若去嫁阜老，就是除祖灭太公。”但在一定的仪式下，允许汉族男子入赘。入赘的汉人，必须改为畲族姓氏，学会畲语后，族里才对其平等相待。

畲族姓氏少，人丁也少，所以同姓远房的男女通婚很多。同时，有的畲村族内同姓严禁通婚，若发生同姓婚，异姓畲族可以抢婚。如福建罗源县八井乡的八井、竹里、横埭的雷姓人家，在当地已传了27世，至20世纪50年代末，雷姓之间一直禁止通婚。随着时间推移，同姓不通婚的制度逐渐有所变通。

新中国成立后，随着民族隔阂的逐步消除，畲汉人民之间交往增多，畲汉通婚也逐渐增多。据1988年的一次调查，浙江省遂昌、龙泉、景宁、松阳4个县有2802对夫妇属畲汉通婚，其中畲族女子或男子到汉族家庭落户的1301人，汉族女子或男子到畲族家庭落户的1501人。

畲族婚姻的自主、自由程度还是比较高的。据民国时期沈作乾的《括苍畲民调查记》记载，畲族“男女社交完全公开，其婚嫁之权，虽操诸父母，然不过名目而已，不干涉也”。山区的自然条件较为艰苦，畲族吃粗粮淡饭，穿苎布麻衣，住草寮木屋，日子过得十分清苦。但在婚姻的选择上，男女青年若是双方情投意合，并不在意对方家庭富裕与否，“有心不嫌年岁老，有缘不怕郎家穷”，即使缺衣少穿，也“莫嫌我郎穿破裤”，相信“再等二年风水转，丝丝衫仔丝丝裤”。畲家女孩也并不以貌取人，“有意与郎结同心，有意不惊郎无形，乌贼是乌骨是白，跳鱼是乌味是清”。

畲族男女青年社交比较开放，双方在劳动中、唱歌中找伴侣，自许终身。对唱山歌，是畲族男女青年谈情说爱的主要方式，每逢农历四月的分龙节，六月一、七月七、八月十五、九月九等，漫山遍野都是三五成群的对歌青年男女，他们以盘歌寻求知音。如小伙子看上姑娘时先唱道："山歌唱来不会差，句句唱来劝妹呀。唱得水里见石子，唱得溪流水没哎。"姑娘若对小伙子有意，就会对唱："要唱山歌两人来，家门搭起山歌台；哥若有心与妹对，妹今细茶冲将来。"如果姑娘不同意，就会唱："阿哥唱歌难高音，句句阿妹听不清。畲山自有听歌人，望哥早早寻知心。"

经过对歌比"肚才"，求相悦、探情意、察忠贞、挑选意中人，当双方认定是真正的情人，就暗订终身。女方私赠男方银质手镯或戒指；男方递送白色"兜肚"（畲族称"肚稿袋"）或其他珍贵物品给女方。之后，男方主动托媒向女方父母求亲，取得同意后，备些糕饼、枣、线面、猪蹄和聘金若干呈送女家叫做"小定"。随后男女双方经常来往，男方可主动到未婚妻家助工、犁田、插秧、秋收等。

二、其他婚姻形式

畲家传统的婚姻规制，一般是女嫁男家，由于通婚范围和经济等因素的影响，也允许其他的婚姻形式的存在，比较典型的有"嫁男"、"做两头家"。

1. 嫁男

所谓"嫁男"即是男子嫁到女方去，俗称"当儿"或"喊儿"，女方要向男方送些聘金财礼。

"嫁"到女方的男人，按传统族规改为女家姓，不可将子女带回。与妻子家的兄弟享有同等权利，承担同等义务。家庭成员称谓不以"女婿"身份称呼，而是跟新娘同样称父母和兄弟姐妹，亲如骨肉，家庭地位和财产继承平等享受，不受任何歧视。

有的畲村所生儿子两家对分，长子从父姓，次子从母姓。婚后倘若他因故不愿在女家，允许出走，但走前须付双老赡养金。魏兰的

《畲客风俗》中就有：“畲客喜招女婿，即可以婿为子，俗所谓畲客人有女即有子也。如蓝甲无子，仅有一女，乃招雷乙为嗣，以女为媳。”

畲族中男到女方落户比较普遍，甚至有少数人家把女儿留在家里“招儿子”，而自己的儿子反而给别人家当儿子。畲民若是家庭土地较多、房屋较宽敞，虽有儿子亦把女儿留家招赘；若地少难分、屋窄难居，为了维持家庭土地，多个儿子不能全留在家中，往往把长子以外的儿子送出作赘婿。若父母溺爱某子，亦可把他留下，把其他儿子赘出去。这种婚俗至今在畲族地区仍然存在。1998年，浙江云和县雾溪畲族乡坪垟岗村的54对畲族夫妻，其中男娶女的22对，占夫妻总数40.7%；女娶男（嫁男）的25对，占46.3%；男女都从外面娶回的7对，占13%，可见畲族“嫁男”现象占相当的比重。

2. 做两头家

“做两头家”也称“种两头田”。畲族男女共同上山下田，以“两头家”结成夫妻的不仅是独生子女，也有多子女的，特别是山区较为盛行。夫妻俩要种两家田地，赡养双方父母。

这种婚事无须传统的结婚形式，也不办嫁妆，双方只要各办若干桌喜酒，两头都拜堂。这种结婚仪式较简单，先是女方到男家办酒，然后男女双双回女家办酒。婚礼中，两头的媒人都坐首席。做两头家所生子女分别从父母姓，一般长子随母姓，次子随父姓，长大后分住两家，分别继承两头财产。

形成“两头家”的原因，畲族民间有这样的传说：早年，福建漳州灵芝山，有个姓蓝的和一位姓雷的青年男女真诚相爱，只因双方都是独根苗，女的不能嫁，男的不能赘，久久不能完成结婚愿望。有一天，他们俩一起在山坡砍柴，见一对燕子叽叽喳喳相嬉在枝头上，又欢乐又亲昵。男的不由叹息道：“燕子呀燕子，我们两人不如你，你们无牵无挂，能自由自在地结合，我俩真诚相爱，却因家庭拖累，没法成亲!”女的看着燕子展翅伴飞，一阵联想，突然笑着对男的说：“燕子成双，秋去春来，南北为家，咱俩何不学燕子的样，也来个两头有家呢!”一句话说得两人笑逐颜开。就这样，男女青年采用两头家的形式结成了夫妻。婚后，两头一家亲，日子过得蛮好，从此，“两头家”就在畲民中流传开了。

此外，畲族地区曾经存在过服务婚、回头亲、对婚制、姑换嫂、童养媳等婚姻形式。如服务婚，有的畲家因男儿年少，家庭缺乏劳动力，以长女招婿担负田山劳作，被招者在岳家服务三年，以劳动成果抵作聘金。三年后，可以携妻回家，婚礼仪式与“男嫁女家”相同。1952年中华人民共和国《婚姻法》的颁布后，随着畲族生活水平的提高，上述许多婚姻状况已经绝迹或仅存于个别偏远和贫困山区。

三、婚前三部曲

虽然畲家婚恋较自由，但还是崇尚“父母之命，媒妁之言”，定亲过程仍然庄严审慎，要经过问亲、搭定、报日、做表姐等程序。畲家有“女有十八难，男有二十难”之说，即女性18岁忌出嫁，男性20岁忌娶亲，一般畲家男女结婚都避开这个年龄（广东畲族则无此禁忌）。

1. 相亲

媒人初到女家说亲，女家有诚意才进行相亲。相亲的步骤，首先是“查亲”。女方由姑母或姨母陪同前往男家看“人家”。男家备酒菜招待，双方互相了解情况，如果男家备上点心、蛋，女方来人肯接受，即表示同意，可留在男家宿夜。第二天回去前，男家送“收手信”，如糍粑等。女方回家后即由男方父母进行定亲、讲聘礼、订结婚迎亲吉日。

2. 得定

订婚，畲语叫“得定”。一般选择农历五月端午节或八月中秋节前

后的吉日。男方备好礼物，一般有长寿面 2 包、补充数量礼饼 5 公斤、猪蹄一个 6 公斤、猪肉若干公斤、衣料一套、制“凤凰冠”的“髻栏”一对、银手镯一副、银戒指一对（带响铃的）、聘金若干，托媒人送往女家。女方将礼物点收后，则商定婚嫁时间。这时女家用红纸再次写女儿的生庚交给媒人，带回给男家，并回给肥猪肉 2 斤、黄金粽或糯米粽 40～60 粒。女家将定婚的猪肉分别送给六亲。六亲收到礼物后，便知某人的女儿已许配，就要着手准备衣料礼物。

古代畲家婚俗有“嫁女以刀斧资送”。明万历年间，福建永春畲族的嫁妆，生活稍充裕的以耕田的铁器当陪嫁，“此外无他物”。浙江景宁畲民“以犁，耙，蓑衣，刀，锄为嫁妆”。除农具陪嫁外，还带已孕的壮母羊或带仔母羊以及农作物的良种等。闽东畲家古婚俗中男女双方还有互赠布匹之俗。男家聘礼中定有一卷苎布，俗称“一筒布”，一般为 12 匹，1 匹门幅 1 市尺，长 1.2 丈。女家嫁妆中有细苎布若干匹，还有苎布缝制的“三袋”1 套，包括红苎布袋 1 副，“昼袋”两个，用于出工劳作时装盛饭的陶罐两个，“肚袋”两个（即肚兜），新娘红色，新郎蓝色。嫁妆都以红布铺盖，唯有一块黑布料是留给公婆做裤子用。广东畲族陪嫁品中定有狗头芋数个，木炭数块，盐巴一撮。木炭表示火种，盐巴表示食品，意为可得温饱。狗头芋为祖宗留下珍品，夫家要悬于家屋正梁，次年春由新媳妇亲自下种，收获后分诸亲友。新媳妇生育男丁又须取狗头芋挂于祠堂梁上，下种时，分送亲友种植，共享繁衍之喜。

3. 送日

男方择好吉日娶亲通知女家叫“送日”。连同礼饼、猪肉、线面、冰糖、红枣和“龙凤礼贴”，由媒人和亲家伯等人送往女家。女方根据吉日办喜事，再将男方送的“送日”饼、猪肉由姑娘直接分送给舅母、姨母、姑母等家。母舅等亲戚得知后便留她“做客”，即叫“做表姐”。“表姐”

进村，男青年一定要与之对歌，一般均唱“嫁女歌”来揶揄她。

依照男家吉日单，女家要请本民族裁缝师傅到家为姑娘“开剪”，要特制成套“踏轿衫”、“踏轿裙”、“月白腰带”、“印花苎布蚊帐”、“红色苎布袋”和其他式样新衣服。还要分别铸制银质“凤凰冠”和锡酒瓶、锡茶壶、锡罐等，并备好箱子、棕衣、锄头、斗笠等作为陪嫁。富裕户还有用耕牛陪嫁的。

“送酒米”是由男家出钱，女家代酿酒的习俗。男家要送给女家“箩二”酒米（即十二斗糯米），未婚新郎由媒人作伴挑送女家。由女家代酿红酒，作为宴请六亲九眷、抬轿赤郎的“婚嫁酒”。

挑“祖宗担”。娶亲前一日，男家备好鸡蛋12枚、豆腐12块、猪肝12两，还有鱼、肉、菜、果、酒等礼物，并用红纸包好12包小红包，这叫“源祖礼”。由媒人与“迎亲伯”一同挑到女家。至大门时，女家放鞭炮迎接到大厅。大厅点燃红烛和香线，由媒人先向天地作揖，再向厅堂作揖，然后就座喝茶。这时女家长辈前来与媒人相见，“迎亲伯”上前交付礼物和小红包。如果女家提出要补送猪肉几斤或另加几包小红包时，则由“迎亲伯”代补，以求随喜顺意。

第二节　畲家的婚礼

畲家婚礼一般要经过四个步骤。畲族婚俗中，对歌贯串始终，如不会唱歌，实在是寸步难行。

一、婚礼进行曲

1. 出门前的“哭嫁”

畲族新娘在出嫁前要“懒床”即“恋床”，以歌哭唱，内容包括《哭爹娘》、《哭哥嫂》、《姐妹恋》、《哭母舅》等，主要倾诉新娘对父母

养育恩情的怀念，对兄弟、姐妹的留恋，哭得情深意切，使亲人和客人感动，既为娘家讨吉利，又促使亲友掏“红包”赠嫁。

畲族姑娘出嫁做“新婚衣”时，要梳扎“凤凰头”，以示青春年华的结束，所以姑娘出嫁梳妆时都要进行一场“反梳妆”的抗争。“抗争”结束后，由舅母抱着梳完妆，才准备上轿。

“新婚女”临出门时，要和胞兄弟行“分酸”礼，表示新婚女仍愿为自家兄弟分担辛劳，并撒“五谷米”以祝愿娘家吉祥如意。

新娘在离开娘家前，还要吃“千斤饭”。大家在桌子上放两把筷子，一碗饭，新娘一手拿一把筷子，交叉着递给站在身后的哥哥，哥哥接过筷子，从新娘腋下将筷子放回桌上。新娘接着低头衔三口饭，将其吐在桌上的手帕中，由哥哥收起放在新娘的口袋里，让她带到夫家去。据说，这三口娘家饭，年年能养一头千斤的大肥猪，所以叫“千斤饭”。

抬轿子的“赤郎”将花轿抬出大门外，并鸣放鞭炮。此时女家即关大门，新娘在轿内停止哭泣，不再转头看娘家，以示不拽娘家“风水”。

花轿抬至村外百米左右就得停下，让“新婚女”从轿顶上递出一红包（即回头包）交给胞弟，以示娘家财丁两旺。如果同日有两家姑娘同时出嫁，要让长辈姑娘先上轿。后走者要在黄牛或水牛的牛角上挂红布，表示“金牛”开道，防止“福缘”被先走者带尽。在畲家婚俗中，叫做“牛踏路”。

2. 婚礼上的欢歌

花轿抬至夫家大门口，由两个未出嫁的姑娘扶新娘下轿，踏着铺在地上的一个接一个的蓝布袋，走到堂中，这种做法称为“传代”。

新婚女进入男家大门时，公婆等亲属必须回避，否则认为会“犯冲”，日后家庭不睦。

下花轿 （潘晴提供）

婚礼一般在晚上举行，新郎新娘要举行拜堂的仪式。拜堂后，新娘由伴娘陪同进入洞房。

畲族人举行婚宴时，招待客人的宴席一开始是空的，大家都在静静地等待新郎的歌声，新郎唱一句，厨师和一句。一唱一和，筷子、酒、菜就会应声而来，这就叫做“调新郎”。宴席结束，新郎还要一样样唱，唱一样，厨师就将桌子上的东西收去一样，直至全部收完。

喜宴上酒过三巡后，新娘要在一位嫂子的陪同下，向宾客们敬酒，身后的嫂子代她唱《敬酒歌》，这种仪式叫“举杯敬酒”。这时，新娘要接受长辈和宾客馈赠的红包，叫“讨百家银”。日后，用这百家银打成首饰给子孙戴在身上，预示着吉祥。

有的地方在婚礼当晚要进行“嬉新娘”、“嬉大舅”等有趣的活动。小伙子用俏皮的山歌挑逗新娘，新娘如果答不出或不回唱，就要受罚，新娘要给每人端茶、点烟、分瓜子、花生等。还有人悄悄偷走新娘花鞋及床上的花被、枕头等，一直闹至深夜，马困人乏方休。

等到客人吃饱喝足以后，新郎由八个人（名曰八仙）陪同进入洞

房。新郎进去前，伴娘要将新娘藏起来，并把床上的被子铺好，在被子的四角分别放一个染红的熟鸡蛋。这时领头的人要先唱一段诸如互敬互爱、白头到老、早生贵子之类的赞美歌，然后开门将新郎推进洞房，自己则跑过去抢被子下面的红鸡蛋。

最后“八仙”和伴娘都退出，让一对新人欢度新婚之夜。

畲家婚礼　（景宁宣传部提供）

3. 头转客

一般新娘婚后第 3 天就要带上新郎一同回娘家做“头转客”。这一天，要选一酒量较好的“姻家伯”来挑“女婿担”。新婚夫妻步行到岳父家，一路鸣炮，村中人闻讯多会前来夹道欢迎。

女婿见了长辈老人，便拱手鞠躬行礼。到了岳家后，要住宿一日，轮流到各房亲戚家拜访，最后一晚由岳父设“请女婿酒”。宴席间，提酒壶者常要请女婿唱令歌、行酒令。三轮酒后，由挑担的“姻家伯”代唱令歌二首，代女婿讲感谢话，祝吉利话。酒后，请女婿吃晚饭，此时岳母捧出满满一碗饭给女婿吃，叫“饭心饭”。按婚俗，碗内放着一包“饭心包”，意含岳母爱女婿，暗地里赠“私家”。这时桌旁的契母们（内兄嫂）即欢唱“饭心歌”，使女婿懂得丈母娘养女之恩、嫁女爱婿之意。女婿得到“饭心包”，吃完饭后，要回敬“红包钱”，安放碗里，以示酬谢岳父母的恩惠。散席后，女婿要送“分花包”，给一门亲属、小孩首次的“见面礼”。

第二天夫妻返夫家，当晚即在男家举行“回门会”，设宴请房内前辈，同贺新婚圆满。

二、特殊的婚俗

不同畲族地区的婚俗各具特色，其中不乏特殊的结婚仪式。

1. 借镬

在福建寿宁县一带的畲族乡村，畲族姑娘出嫁时，男方必须托亲家伯挑着猪肉、公鸡、酒、菜等，带着厨师到女家“煮酒”，宴请女方的眷属亲友。这个厨师称为“赤郎”。

赤郎到女家之前，要做好被作弄的心理准备。女方家里会把铁镬（即大铁锅）、炊具、餐具等都藏起来。到时，必须由亲家伯和赤郎唱“借镬歌”，唱一件“借”一件。炊具“借”齐了，亲家伯坐下烧火，可是，干柴早已被故意换成湿柴，生不着火。即使好不容易生着了，亲家妹还要用嘴来吹灭。赤郎在切猪肉时，要在衣袖里藏一小块肉，一刷完锅，袖筒里的肉快速下锅，否则，她们会在刚刷干净的锅里撒入一把米糠，使他煮不成。

畲族“借镬”风俗由来已久。相传很早以前，有个名叫钟淑玉的畲族姑娘嫁给一位姓李的少年郎，因为淑玉对他不了解，想借婚礼之机，试他才华，于是把屋里陈饰物品统统移开。聪敏的李郎看出了她的用意，就用对歌的形式，向她要东西，要用一物就唱一物。淑玉在房里听了大喜，便作歌和之，其物应歌而出。几经演变，便成了这样

三难赤郎　（景宁宣传部提供）

的风俗。

2. 走嫁

畲族姑娘结婚有的采用“走嫁”的形式，即穿自己编织的草鞋，由新郎陪伴，步行到夫家。鞋帮用红头绳系着，鞋面串着石珠之类。走嫁新娘为了防止路上碰上陌生人“冲喜”，身上都要带化解物——桂圆，以保吉祥如意。

新娘走嫁，一行 8 人，名曰“双喜”。8 人中除了一对新人外，还有女方的兄弟或姐妹 1 人，男方接亲者 5 人。他们要在当天的子时起程，在天亮前到达夫家。新娘手撑雨伞，伴人手提灯笼，履声踏踏，灯火煌煌，一路上有唱、有说、有笑。

若同村有两个姑娘出嫁，同走一条路，事前都要商量好，谁先谁后，一般都是让夫家远的先走。

3. “做表姐”

“做表姐”是指凡定了婚期当年要出嫁的姑娘，出嫁前都要到亲友家走走，或外出游玩一段时间。出去的时候，要穿最漂亮的衣服、围裙，戴耳环、手镯，腰间还要系上结婚时用的长绸带。她到一个村子，那个村子的青年会主动陪她唱歌，一连唱上好几个晚上。善于唱歌的姑娘人人夸奖，不会唱的则会受到讥讽，因此每个姑娘在出嫁前都得学会唱歌。

4. "做亲家伯"

"做亲家伯"说的是娶亲的前两天，男方要请一个能说会唱的好歌手，作为全权代表，与媒人一起将礼物送到新娘家去，这位歌手就是"亲家伯"。

亲家伯来到新娘家里以后，村里的人也都赶来。这时，人们把椅子放在屋子的东座（即上席）让他坐，亲家伯为了表示谦虚，便将椅子放在西头（即下席）坐。请他抽烟时，他不能先抽，而要先敬新娘村里的人，连孩子都要敬到。总之，亲家伯要处处谦让有礼，否则，人们会在亲家伯坐椅下燃起爆竹，烧他的衣服。到了晚上，女家热情地款待亲家伯。饭后开始对歌。一问一答，内容不得重复，一直唱到第二天天亮才散。

第三节　以父系为核心的家庭

畲族社区构成的基本单位是一夫一妻制的以父系为核心的家庭。畲家的传统习惯、生活习俗既对家庭成员的文化行为有着直接而重要的影响，也是民族伦理精神和道德规范形成的思想基础。

一、基本家庭形态

畲族地区以一夫一妻制的父系小家庭为社会生产、生活的基层单位。家庭多由双亲及子女组成，但也有部分与已婚子女同住的。畲民

家庭数代同居的较少，女子婚后从夫居，男子娶妻生育后，家庭人口发展较多时就分家，三代同居的多独子户。

家庭中男性是家长，主要职责是管理家庭的经济收支，筹划生活的需要，安排生产的分工。家长的意见家庭成员都得尊重和服从。畲族家长作风民主，不独断专行，在三代同堂的家庭中，年富力强的当家人对其年迈体衰父母的意见往往十分尊重。

畲族家庭成员在家庭中地位有别，分工不同。丈夫为一家之长，妻子为“内当家”。畲谚云：“长子阿爷（父亲）职。”待儿子长大成人后，可继任家长。畲家视长子为“家督”，他有支配财产与继承宗祀的优先权。他是父亲农业生产的有力助手，又兼有协助父亲监督教养弟妹的责任。在不分家的多兄弟的家庭中，父亲年老，也可由长子任家长，但这种现象在畲村较为少见。

畲族男女都参加劳动，从十几岁的小孩到70多岁的老人，都参加农业生产。男女之间存在着一定的分工：犁田、耙田、播种、打猎、烧炭、打场、茶叶加工等重活一般由男子来做；妇女负责拔秧、除草、收割、采茶、砍柴、挑柴卖及家务劳动等。锄草、收割、挑谷、舂米等都是男女共同操作的。畲族妇女一向有爱好劳动的习惯，不仅承担繁重的家务劳动，而且终年参加田间劳动，“耕耨佃田，咸藉其力”，是农业生产上的一支重要力量，十六七岁的小姑娘，也能挑百来斤的担子。

畲族的财产分配主要以男性为主，妇女无论已婚或未婚都没有财产继承权。但在某些地区中，女子和男子一样享有财产继承权。畲族独生女可招婿。赘婿一般都得改从妻家姓，才能继承财产。畲族一般为父系小家庭，分家时先将山地、田场、家产进行评估，一般都留有父母的“养老田”以及“长子田”和“长孙田”。“养老田”在父母死后作为公产，以备轮流祭祀之用。“长孙田”是给长子的儿子读书用的，一般不得超过财产的1/10。若数子都没有儿子，则不先抽“长孙田”，而由数子平均分配。长子可以适当多得一些，但最多不得超过其他兄弟的一倍。其余财产则按其兄弟人数多寡而平均分配。

畲族的伦理道德观在很大程度上接受了儒家的文化思想，并较多地体现在家庭成员的关系中。畲族家庭成员、亲朋之间都能友善相处。浙江丽水地区《雷氏宗谱》记载：“一、孝父母；二、和兄弟；三、序长幼；四、别夫妇；五、训子孙；六、亲宗族……”在畲族的伦理道德观中，“孝”被摆在十分首要的位置。浙江遂昌的《钟氏宗谱》也将“孝父母”摆在了首位。因而畲族子女大都能自觉地担负起赡养老人的职责，畲族老年人和长辈在家庭中也享有较高的地位。敬老、爱老、养老是畲族的一个良好的风俗习惯。

畲家无男儿的家庭，除以婿为子外，还可抱子继嗣，或以叔伯的侄子过嗣，以婿为子方式续嗣的现象更多。

二、大家庭的裂变

早先畲民都以大家庭为荣，家庭规模较大。家庭中即使有多个子女，甚至是四五代同堂也不轻易分家。浙江丽水地区云和县岩下一户畲民家庭人口达72人。畲族的这种大家庭喜好的形成，除了他们崇尚敬老、重亲情外，与大家庭在恶劣的自然环境、生产条件和种族歧视、阶级压迫下比小家庭有更强的抗力有关。随着社会变革和经济的发展，不少家庭从传统的大家庭中分离出来。核心家庭越来越多，联合家庭越来越少。

畲族家庭户的类型和汉族相似，都是以核心家庭（以一对夫妇及其未婚子女组成的两代户）为主，比重最大，三代及以上户次之。但畲族家庭和汉族家庭仍存在一些差别，畲族单身户比重偏大，这与畲族中老年性别比失调，大龄未婚人数多有关，而三代户比重高于汉族，

反映了畲族大家庭较汉族比重更大，家庭抚养功能更强。

畲家人　（作者提供）

畲谚云：“娶一门媳妇，分一个家。”畲族男女婚后，便和父母分居，另立门户，独立生活。父母除与未娶亲的儿女同住外，一般另起炉灶，自食其力。他们不与儿子儿媳同住是为了饮食自由，起居自由，可避免不必要的家庭纠纷。如果父母实在是老弱病残，力不从心，则由子女分担赡养，如采取吃派饭，或父母分开，各家侍候一人等。

三、舅父的权威

畲家舅父权力很大，在畲族家庭中有特殊的地位。畲家的母系亲属又称“娘娘亲”。甥辈出生要先向舅父报喜；外甥弥月，“满月酒”席舅父未入座，其他人不得先坐；外甥“做十六岁”成丁仪式，舅父的礼品最为丰厚；甥辈婚姻舅父有权过问；夫妻不和，须请舅父调解；外甥分家，舅父有权参与，有时由他主持；外甥犯事，舅父同父母一样，有权管教及体罚；外甥忤逆母亲，除向母亲下跪认错外，还得向舅父下跪认错。

畲家亲兄弟分家时，舅父为“公道人”，即主持分家事宜，并邀请族亲来评判。父母健在者，由舅父提出留下部分田产，称为“养老田”，待父母辞世后，再行分配，或留做父母修筑坟墓之资以及每年祭墓开支，俗称“众田”。

住房的分配由舅父主持，他按“左大右小”的惯例，长子分左边前厢房，次子分右边前厢房，口说为凭。其他大小农具及家具，也按质搭配，由舅父主持，按股抓阄，兄弟拈阄后，即立字据，俗称“阄书”或“分单”，把各自的财产、义务和权利都写清楚，并经各方签字画押为据。日后兄弟妯娌如有意见分歧，发生争执，由舅父按字据仲裁。畲族分家时，舅父、姻亲及主要亲戚要送碗筷、钵头祝贺。

四、女性家庭地位高

随着时代发展，畲、汉两族互动日益增多，畲族的文化也随之发生变化，但其较为古老的习俗与独特文化仍以某种方式保留下来，其中女性崇拜就是一个重要方面。

畲族民间文学中的创世神话极力张扬畲族女性在创造世界中的主导地位，十分明显地体现出女性崇拜的思想意识。畲族的创世神话《男造天·女造地》中说道：“天是男人造的，男人懒，做一气，歇一气，结果把天造小了。地是女人造的，女人勤，没停没歇地掘呀掘，男人大喊：‘地造大了。’女人赶紧抓了几把，想把地缩小。这一抓，有的地方凸了起来，变成山，有的地方凹下去，变成湖海，五个指头抓出了条条江河。”创世神话从字里行间透露出对女性勤劳勇敢的赞美和歌颂，体现了女性的社会主导地位。

一般地说畲家妇女的家庭地位比较高。畲族妇女勤于劳作，与男子一样，是家庭主要经济来源的创造者，凡家庭的重大事宜，妇女有权过问，有时可直接参与决断，丈夫虐待妻子之事极少发生。当家的妇女，特别是大家庭中的老年妇女，家中巨细之事，她均有举足轻重的发言权和决定权。

有的畲村女子有继承家产的权利。有兄弟的女子留家招婿，兄弟

姐妹平等分配家产。过房到叔伯家和其他人家的女子，享有继承权，任何人无权干涉。妇女失偶，有权支配先夫的财产，还有招夫入赘的自主权，先夫家中的公婆叔伯无权干涉。

浙西、浙南存在做“娘家头”习俗，即女儿出嫁后，受夫家虐待可回娘家报告。娘家便组织亲房叔伯、母舅等数十人到女婿家论理，直至女婿承认错误并保证不再犯为止。去做“娘家头”的路费都要由女婿家负责，娘家人可任意宰杀女婿家的鸡、鸭、鹅、猪等烹食，他人不得干涉。

早期畲族的整个社会活动几乎均以女性为主体。畲族女性不受封建礼教的约束，有外出对歌或参加庆典活动的自由；她们没有从小缠足的陋习；在处理家庭重大事务的管理中，则以女性为主；在传统婚俗的拜堂仪式与祭拜祖宗时，女性可以不下跪，而男性却不能。这些遗留下来的历史习俗充分展示了畲族女性特殊的社会地位，也透露出他们女性崇拜的思想观念。

第六章

枝繁叶茂的民族

第一节　畲族人口总量的变化

一、历史上的分分合合

新中国成立前，由于奉行民族歧视、民族压迫政策，生活在中国东南部地区的畲族同胞，一直没有被认作是单一的少数民族，历史上畲民族的人口状况一直是一个谜团。

民族的形成和演变过程不是一成不变的，总是有分有合。洞庭湖流域的“蛮”，由于自身发展的需要，也因为受到外力的压迫，辗转南迁：西线一支，越五岭向南推进，其中大部分西进至西江流域，后来发展为瑶族；东线一支，先从湘南翻过罗霄山脉进入赣中、赣南，继而一部分还越过武夷山进入福建或者翻过五岭进入广东。这些越过罗霄山脉的“莫徭”后来成为畲族的主要源流。而分出来的这一支古代民族族系，在闽粤赣交界地区又与当地的土著相融合，最终形成新的民族。

隋唐时期，闽粤赣交界区，称为“峒”的畲民群落遍布，畲民主

宰了该地区。到唐代中期，陈氏父子“进剿”所遇到的强烈反抗可以看出畲民的实力，这种实力是以人数为依托的。这一历史时期，是畲族人口发展的一个高峰期。

从畲族历史的基本发展轨迹我们可以看出，宋元时期的畲族人口数量处于下行阶段。

在宋元之际，畲族进行了长期广泛的抗元斗争，在斗争中散失了大量青壮年人口。举个例子，许夫人和陈吊眼率领的数万畲、汉起义军，被元军将领完者都率军进剿，义军退入山区，元军放火烧山，随烧随进，起义军被杀两万多人。除了战争中的人口散失，斗争失败后许多畲民被安插到汉人聚居区，加速了畲族、客家融合的进程。此后，赣闽粤交界区域则成为客家主要居住地及畲、客交错定居的格局，部分畲民融入到客家民系之中。此时的畲族主体人口数量急剧减少，并最终离开祖居地，开始了东迁的漫漫长路。

清中期以后，畲族杂居在闽浙交界的汉族地区，生产生活渐趋平稳，新的畲族群落形成。畲族作为东南地区的主要少数民族，居住区域跨越闽、浙、粤、赣四地，形成“大分散、小聚居”的分布特征。值得注意的是，这一历史阶段的畲族社会已经与汉族社会形成交融的局面，汉文化思想渗透进畲族社区，宗族的观念已十分的强烈，以蓝、雷、钟三大畲族姓氏为核心的大宗族概念，在一定程度上影响到畲族人口的变化，因为，宗族强调的是兴盛，讲求的是人口的枝繁叶茂。而且，这一时期畲族族内婚的婚姻观念也发生松动，畲汉之间的通婚日益增多，也在促进着畲族人口的逐步繁盛。当然，由于畲族一直不被视作单一的民族，故而人口数量仍然不被单独统计。

到了民国时期，福建省有了首次官方的畲民人口的统计数据，尽管这个数据依然是不完整的。1937 年《福建省统计年鉴》载，福建“各县区苗夷民族概况”中畲族人口，其分布如下：连江 874 户 3841

人、宁德1600户4300人、三都30户343人、福鼎1250户5000人、福安2000户8400人、顺昌319户1499人、寿宁206户925人、长泰9户56人、宁化30户100人、南平90户248人、闽侯199户（缺）人、罗源1413户5552人。以上合计有8020户，30264人。由于福建的漳州、龙岩等地区的畲族与汉族长期杂居，民族特征不是很明显，一直没有被外界视为“苗夷”，故而，未进入到福建“各县区苗夷民族概况”的统计中。

还有民间的统计，如浙江省畲族主要聚居区——丽水地区，据1932年出版的德国学者史图博著的《浙江景宁敕木山畲民调查记》中记载，该区1929年畲民总人数为39224人。

由于闽浙地区集中了70%以上的畲族人口，民国时期全国畲族人口的估算规模在10万左右。

二、人口增长的两个高峰期

1953年，新中国进行了第一次人口普查，由于畲族的民族成分尚没有得到人民政府的确定，因此当时只是统计出福建省“山客”的人口数量——96375人，占福建人口总数12845252人的0.75%，占福建省少数民族人口116490人的82.73%。在畲族的民族成分尚弄不清楚的背景下，这个时期的人口统计还是有较大的缺漏。

1.1964年第一个人口高峰的出现

中华人民共和国成立后，经过长期战乱的各族人民终于可以安下心来重建家园，这一时期，畲族人口开始呈平稳缓慢上升态势。如福建省畲族主要聚居地之一的霞浦县，畲族人口从1949年的20932人，增加到1953年的21764人，增长3.97%，年均增长率0.98%，比1937～1949年的年均增长率高0.14个百分点。在浙江省景宁畲族自治县，1953年全县畲族人口比解放初净增1710人，年均增长率达

4.50%，而1933～1949年，畲族人口呈负增长状态，年均增长率为－1.22%。

1964年，全国第二次人口普查，畲族有了历史上第一个正式的、较为准确的人口数据——全国总计畲族有23.4167万人。由于在新中国成立之初，国家公布的少数民族名单中不包括畲族，因此1953年第一次全国人口普查时，不少畲民把自己填为苗族或其他民族成分。1956年中央人民政府正式确定畲族，所以在1964年第二次全国人口普查时，畲族和苗族及其他民族的人口数就发生了明显的变化，畲族人口数量剧增，其中很大部分是由于恢复畲族成分所致。以1949年全国畲族人口10万人为基数，到1964年的15年间畲族共净增人口13万多人，平均每年大约增加8900人，年均增长率为5.84%左右，出现了人口增长的第一个高峰。

2. 1990年的第二个人口高峰

1982年，全国第三次人口普查，全国畲族总人口371 965人。这一时期有关畲族人口的统计数比较准确，就全国畲族人口变动情况看，1964～1982年净增137 798人，年均增长率2.60%，畲族人口处于平稳发展时期。这个时期，造成畲族人口较大幅度增长的主要原因是，福建省漳州、龙岩等地区落实了民族政策，确认了许多畲族成分的人口，这属于机械增长。

1990年，全国第四次人口普查，全国畲族总人口63.47万人。这一时期畲族人口变动达到了第二个高峰，从1982年的371 965人发展到1990年的634 700人，年均以6.90%的速率增加。尤其是江西省和广东省两省，8年间的年平均增长速率均在30%以上，为全国平均水平的5倍强，总人口分别从1982年的0.74万和0.32万猛增至1990年的7.72万和2.65万，各增加了10.4倍和8.3倍。

3. 人口的平稳发展

2000年第五次全国人口普查，畲族总人口为70.96万人，与10年前的“四普”相比，畲族人口增加了7.49万人，增长率为11.80%，平均年增长率1.08%。2010年第六次全国人口普查，畲族人口总数708 651人。

回顾新中国成立之后各次人口普查数据，1964～1990年的26年间，畲族人口的变化呈逐年上升趋势，人口总量从1964年的23.42万人发展到1990年的63.47万人，增长了近3倍，人口增长率和年平均增长率均高于同期的全国总人口的增长速度。

三、畲族人口数量快速增长的原因

新中国成立以后，畲族人口增长迅速，其主要原因可以归纳为以下三个方面。

1. 民族成分的“归本还原”

新中国成立后，党和国家的民族平等政策不断深入贯彻，各省、市、自治区政府对少数民族工作不断改进和重视，采取了一系列更有利于少数民族发展、繁荣的措施和政策，消除了长期存在的民族隔阂，使少数民族的政治地位大为提高。

1956年中央人民政府确认了畲民族。1978年党的十一届三中全会以后，政府又制定了“关于恢复或改正民族成分”的规定，使许多原来隐瞒或填报了其他民族的畲族人口陆续重新申报了自己本民族的成分，纷纷“归本还原”，这是畲族人口大量增加的重要原因之一。

如浙江省的畲族人口，在1953年第一次人口普查时，仅有5万多人，当时苗族人口近3万。在1958年6月复查时发现，1953年普查登记时的苗族人口绝大多数实际上是属于畲族，所以在1964年第二次普查时，两民族的人口数量发生了明显的变动。畲族人口从52 676人猛增到1964年的100 574人，占全省总人口的比重从0.24%跃为0.36%，增长率和年均增长率达90.93%和6.05%，成为浙江省畲族

人口增长最快的11年。而同期的苗族人口从28 411人锐减为1964年的368人，这与民族成分的改变是分不开的。

1990年福建省民族事务委员会统计，福建全省有7万多人恢复畲族成分，福建省漳浦县“三普”时畲族人口只有4000人，1984年7月就有17 000多蓝姓恢复为畲族成分。“三普”时广东畲族人口仅3000余人，1990年达到26 438人，其中大部分人口是由于恢复民族成分的结果。

20世纪90年代，贵州省有数万尚未进行民族成分认定的“东家人”归入畲族大家庭。贵州全省畲族人口据1996年统计，共有41 524人，其中，麻江分布最多，有32 358人。

1982年和1990年两次全国人口统计中还出现了“离客归畲”的风潮，也就是客家人改畲族的现象。客家民系的形成过程，就是融合土著的过程，或者说，赣闽粤边区的土著居民——畲民，是形成客家民系不可缺少的重要成分。比如在语言方面，现在的畲民，除了分布在罗浮山区的少数人外，基本上操客家方言。当然，客家先民的语言也受土著语言的影响，融汇而成客家话。此外，服饰、饮食、生产技术和方式、信仰、习俗等文化现象也证明了客家民系是南迁汉人与畲族等南方土著民族互相融合而形成。也就是说，当时的历史条件下，部分畲族融合到客家族群之中，并在原居地长期生活下来。

长期以来，当客家族群处于“强势文化”、“强势族群”之际，处于相对弱势的畲族，为了经济生活以及其他方面的需要，以一种隐性的方式存在；而在太平盛世，文化的多元化和民族的多元化得到鼓励，在这样的大气候下，畲族民众提出确认民族的归属，也就顺理成章了。漳州、龙岩地区出现的许多“离客归畲”现象，正是对这段历史的证明。

2. 异族通婚增多

畲民族的居住地多与汉族或其他民族混杂一起，随着新中国成立后对少数民族的歧视和民族隔阂的逐步消除，畲族一改过去不与其他民族通婚的族规，畲汉人民之间交往增多，通婚也逐渐增多。由于民族政策的作用，他们所生的子女绝大多数都填报为畲族成分。另据统计，1982～1990年全国畲族人口高增长中，由于更改民族成分和民族通婚子女选报畲族所引起的人口增长占84.5%，自然增长占15.5%。

3. 人口自然增长较快

1984年10月，经国务院批准，在浙江省丽水畲族人口相对集中的地区，正式成立景宁畲族自治区，这也是我国第一个畲族县级自治区，对畲族政治、经济、文化的发展起到了积极的作用。畲民落后的生产方式得到进一步的改善，从原来的“火种”发展为“水种”，从“刀耕”发展为“牛耕”，从“种山”发展为“种田”。

一方面，由于经济生活水平的逐步提高，物质文化条件的改善，畲民身体素质和抗病能力不断得以增强。医疗卫生条件明显好转，各种传染性疾病和地方病得以有效控制，畲民的死亡率大幅度下降。据1990年资料统计，畲族人口标准化死亡率为6.19‰，在55个民族中处于较低水平，婴儿死亡率为25.16‰，比汉民族婴儿死亡率24.36‰仅高0.8个千分点；人口平均预期寿命达70.33岁，在56个民族中排位第八。同时，由于加强了对孕产妇的保健工作，死产、难产发生率大为降低，据“四普”资料，畲族人口出生率和妇女生育率均高于同期汉族人口的出生率和生育率，人口自然增长较快。

另一方面，由于经济、文化和历史的原因，畲族一直存在着早婚的现象，1981年对浙江云和县的已婚妇女调查，初婚年龄小于18岁的有153人，占总数的18.75%，小于20岁的536人，占总数的65.69%，平均初婚年龄为21.33岁。1982年对浙江丽水地区畲族人口调查，15～19岁的已婚畲族妇女占总已婚妇女的13.59%。早婚必然带来早

育，据浙江省1990年人口普查资料，畲族15～19岁女性生育率为16.16‰，比汉族高8.91个千分点。这些畲族妇女多为家庭妇女，文化程度低，从事田间或家务劳动，甚至是家庭主要劳力。她们居住在山区，交通不便，信息闭塞，妇女没有生育决策权，加上多子多福的传统思想的影响，早婚、早育、多产现象较多。

尽管随计划生育工作的开展和深入，对早婚现象有所制约，但这也成为畲族人口增长较快的一个新因素。

第二节 高生育率 高人口寿命

一、高生育率推动民族人口增长

20世纪90年代，畲族人口变动达到了第2个高峰期，从1982年的371 965人发展到1990年的634 700人，年均以6.90%的速率增加，除了机械增长的因素之外，畲族人口的自然增长率也是比较高的。

1. 总生育率偏高

根据第四次人口普查资料，1990年6月30日，全国畲族共有育龄妇女150 492人，1989年共出生婴儿13 035人，生育率为86.61‰，比1982年的122.66‰下降了36.05个千分点，比汉族高12.71个千分点。畲族育龄妇女总生育率高于汉族的原因，主要有以下几方面：

首先，畲族的生育政策与汉族不同，一般而言，少数民族的人口生育政策比较宽松。如浙江省颁布的《浙江省少数民族计划生育的规定》中指出，夫妻双方均是少数民族的；夫妻双方均是农业户口的农民、渔民，一方是少数民族并具有本省两代以上户籍的，经批准可以按计划生育第二个孩子。

其次，畲族由早婚引发的早育和计划外生育比汉族多。根据第四次人口普查资料，15～19岁育龄妇女的生育率，畲族为28.02‰，汉族为11.90‰，畲族比汉族高16.12千分点；同时，畲族育龄妇女生育三孩及以上的比例为21.94%，比汉族的4.21%高17.74个百分点。

最后，少数民族开展计划生育的时间较晚，畲族也不例外。

2. 总和生育率较高

20世纪70年代以来，汉族已普遍开展计划生育工作，总和生育率不断下降，到1982年第三次人口普查时已降至2.50，但畲族由于计划生育工作开展较晚，同期总和生育率为2.86，比汉族高0.36。1990年，汉族的总和生育率下降为2.12，畲族的总和生育率下降更快，已降为2.24，基本接近汉族。

3. 年龄别生育率偏高

依第四次全国人口普查资料，畲族育龄妇女的年龄别生育率存在明显的差异。生育集中在20～29岁之间，其中最高年龄组为20～24岁组，生育率高达209.40‰，其次为24～29岁组，也高达147.98‰；生育率最低年龄组为45～49岁组，仅为1.27‰。畲族人口的生育模式与汉族基本相似。

育龄妇女生育率如此集中，其主要原因一是20～29岁组生育旺盛期的育龄妇女人数较多，占总育龄妇女人数的38.48%；二是由于计划生育工作的开展，高龄生育和多胎生育等现象得到有效控制。

二、影响畲族人口生育率变化的因素

1. 经济发展水平对生育率变化的影响

新中国成立前，畲族地区的生产力水平十分低下，畲民过着刀耕火种的原始生活，孩子生的多，死的也多，在畲族聚居地流传着“只见娘怀胎，不见儿走路”的说法。新中国成立后，在党和政府的领导下，畲族人民恢复和发展了生产，过上了安定幸福的生活。畲族妇女

在20世纪80年代以前，生育率较高，就是因为畲族的经济有了一定的发展，畲民安居乐业，生活有了改善所致。80年代后期，畲民的生活有了进一步的改善，再加上亲眼看到周围汉族同胞实行计划生育后，给家庭生活和子女素质的提高所带来的好处，也逐渐接受了计划生育。到了90年代，随着畲民生活的进一步提高和计划生育工作的深入开展，畲民也自觉主动地实行计划生育，从而使生育率降低到较低的水平。

2. 文化教育对生育率变化的影响

在中国共产党的民族政策指引下，畲族地区的民族教育得到了较快的发展，各级民族教育已向多层次、多形式发展，有畲村小学、民族中学、少数民族师范学校等，并在政策上给予优惠、照顾。同时，还通过各种教育、培训，提高畲族人口的文化素质。

尽管畲族每万人中具有初中以上文化程度的人数比汉族少，但与过去相比，已有很大的提高。文化程度不同，妇女的生育水平也不一样。据1990年福建省福安市对各种文化程度畲族妇女生育状况的调查资料，文盲、半文盲妇女的一般生育率为867.33‰，多胎率高达67.05%；而大专及以上文化程度的育龄妇女的一般生育率为785.71‰，多胎率降为9.09%。文盲、半文盲妇女的生育率和多胎率分别比大专及以上文化程度的妇女高81.62个千分点、57.96个百分点。大专及以上文化程度妇女的一胎率为64.64%，文盲、半文盲妇女的一胎率只有14.57%，前者比后者高49.07个百分点。

3. 医疗卫生条件的影响

新中国成立后，党和政府在帮助畲民恢复和发展生产的同时，大力发展畲族地区的医疗卫生事业，死亡率不断下降，特别是婴儿死亡率大幅度下降，子女存活率大幅度提高，人口的预期寿命不断延长。1990年，据福安市人口普查资料，福安市畲族育龄妇女所生子女的存活率为97.98％。1996年景宁畲族自治县畲族妇女所生子女的存活率为97.67％。子女存活率的提高，意味着子女生存的保险系数提高，也会使人口的出生率逐步下降。所以，医疗卫生条件的改善，对生育率的变化也有一定的影响。

畲族母子　（作者提供）

4. 生育观念的影响

生育观念是由一定的社会物质条件决定的，也受到政治制度、社会伦理道德和宗教信仰等因素的影响。

由于畲族居住分散，人丁稀少，畲族家庭对孩子十分期盼。他们希望孩子顺利降生，对“带身人”（孕妇）呵护和照顾，不允许攀登高处和提过重的物件，以防止流产。畲族孕妇还有许多民间禁忌，如家中不得动土、钉钉子和敲打墙壁，家里的任何物品孕妇不可去搬动；在外，忌讳从牛的缰绳上跨过。犯了忌讳，恐孕妇会难产或生下残疾婴儿。

婴儿降生后，给婴儿洗浴是十分讲究的。畲家人会用草药熬成的草

汤来给婴儿洗澡，洗澡时，要先“开天门”，即洗双目；后“点龙鼻”，即洗鼻子；再“开龙嘴”，即洗嘴巴。待这些程序做好后，才可以正常进行洗浴。洗好后，男婴用生父旧衣服包裹，女婴用生母衣服包裹。

生男生女一个样 （闽东畲族博物馆提供）

畲族民风古朴，对生男生女是一样看待的，不论男女，孩子出生后都要请亲友来喝“落地酒”。清代以后，随着游耕生活方式的结束，畲汉通婚的增多，汉族社会的生育观念开始渗透进畲族社区，男尊女卑的思想有了一定的市场，一些女人开始裹脚，有了抱童养媳的习俗，甚至于一些地方出现了溺女婴的恶俗。

新中国成立后，形成了男女平等，生男与生女、娶媳与赘婿一样的观念和民俗，生女孩的母亲和不育妇女不受歧视，溺弃和虐待女婴现象基本消失，不育可抚养别人儿女视自己所生，这种生育观念促使他们都比较自觉主动地实行计划生育。所以，畲族婴儿出生性别比比较正常。1990 年人口普查资料表明，畲族出生婴儿性别比为 104.50。

生育观念的变化，势必影响生育率的变化。过去畲民都以大家庭为荣，家庭规模较大。随着社会变革和经济的发展，不少家庭从传统的大家庭中分离出来。核心家庭越来越多，联合家庭越来越少。据福建省漳浦畲族的调查资料，完整的核心家庭已占72.95％，家庭结构和家庭规模缩小，也影响生育率的变化。

三、活到70不稀奇

经济发展水平对死亡率的影响是直接和间接地发生作用。一般说来，经济发达程度与人口死亡率成反比。由于畲族人口大多分布在东南沿海经济比较发达的区域，相对于全国来说，福建、浙江、江西等省的经济发展水平处在全国经济发展的较高水平。

经济发达地区其医疗卫生事业也相对发达，除江西省外，福建、浙江省的这两项指标均有不同程度的增长，而人口的死亡率排除人口年龄结构因素的影响，则是呈下降趋势。这表明卫生事业的发展对人口死亡水平的降低是毋庸置疑的。随着民族经济的繁荣，民族地区医疗卫生事业的发展，卫生条件日益改善，民族地区的人口死亡水平必将进一步降低。

此外，重视民族地区的各项社会事业，如文化教育、环境保护、社区服务、群众体育、精神文明建设等，无疑对降低死亡率具有促进作用。

从人口生活质量状况综合分析，畲族人口生活质量指数（PQLI）达82.41，在少数民族中仅低于锡伯（93.81）、满（90.74）、仫佬（88.35）、朝鲜（88.02）、蒙古（85.24）、毛南（84.37）、达斡尔（83.06）和回（82.75）8个民族，列第9位。[①] 这充分说明畲族人口的生活区域，其生活质量是比较好的，为死亡率的降低提供了条件，

① 张天路等．畲族人口的演进与发展趋势．中央民族大学学报（社会科学版），1999（1）

同时也为今后死亡水平的进一步降低奠定了基础。

回顾畲族人口平均寿命的历史，自从成为单一的民族以来，其寿命有了长足的进步。关于畲族人口寿命的单独记载，由于资料缺乏，20 世纪 50 年代估算大约为 60 岁。通过对 1982 年人口普查资料的推算，1981 年畲族人口的寿命为 67.13 岁；对 1990 年人口普查资料计算，1989～1990 年畲族人口的平均寿命为 69.95 岁，可以说达到了 70 岁。不到 10 年畲族人口平均寿命增长了 3 岁，对畲族人口而言，“人生七十古来稀”，也已经成为历史，活到 70 也不稀奇了。

特别是改革开放以来，畲族人口向现代化演进成为一个重要的历史时期。首先是民族人口的结构得到优化，人口质量有了极大改善，人口寿命大大提高。其次是民族地区的医疗卫生事业的发展，使人们更加具备了与疾病与死亡作斗争的条件。最后是民族地区经济的发展，改善了基础设施建设，特别是交通的便利，为人们的防病治病赢得了时间，降低了非正常死亡水平。

第三节　迈向现代化的畲族人口

一、当代畲族人口的演进

改革开放以来，特别是 20 世纪 80 年代以来，是畲族人口演进最重要的一个历史时期，在降低人口自然增长率，优化人口构成，改善人口素质等方面都取得了新的进展，正朝着人口现代化方向演进。

第一，人口自然增长率有明显下降。1990 年畲族人口达到 63.47 万人，比 1982 年的 37.20 万人净增加 26.27 万人，平均每年增长 3.28 万人，平均每年递增 6.91%。其增长率是相当高的。但按其人口自然增长率（出生率减去死亡率）来看，不仅要低得多，而且在不断下降。

如人口自然增长率由1981年的1.91％，降为1989年的1.44％。因此，1982～1990年畲族人口高增长率中，自然增长仅占15.5％，社会增长达84.5％（指更改民族成分和民族通婚子女选报为畲族人口数值）。

第二，生育率的下降。粗出生率由1981年的26.03‰降为1989年的20.42‰（标准化为22.68‰）；一般生育率由122.66‰降为86.10‰；育龄妇女总和生育率由2.86降为2.32，可喜的是总和生育距离生育更替水平（2.10）近在咫尺。

第三，死亡水平继续下降，0岁人口的平均寿命继续提高。1990年畲族人口的粗死亡率由6.90‰（标准化为7.28‰）降为6.02‰（标准化为6.23‰）；婴儿死亡率则由40.50‰降为23.12‰；平均寿命由67.13岁提高到70.33岁，已高于全国平均寿命（70.05岁）水平。

1999年11月1日～2000年10月31日期间，全国畲族死亡人口为4277人，其中，男性2618人，女性1659人。粗死亡率为6.05‰，其中男性为6.89‰，女性为5.07‰，婴儿死亡率为27.75‰，预期寿命为72.41岁。

2010年第六次全国人口普查，畲族死亡人口为3626人，其中男性为2327人，女性为1299人，畲族人口的粗死亡率更降至5.7‰，其中男性为6.8‰，女性为4.5‰。畲族人口的平均预期寿命继续在提高，达到历史上最高的74.05岁。

第四，城镇人口的比重继续上升，城市化进程加速。2000年，在畲族人口中，城镇人口有16.63万人，占总人口的23.44％；乡村人口54.33万人，占总人口的76.56％。与10年前相比，畲族城镇人口比率提高了13.95个百分点。

2010年，以拥有最多畲族人口的闽、浙两省为例。福建畲族总人口数为365 514人，城市人口为246 449人，乡村人口119 065人，城

乡人口比率为1∶0.48；浙江畲族总人口166 276人，城市人口107 490人，乡村人口58 786人，城乡人口比率为1∶0.46。畲族的城市人口数量已经占据总数的一半以上，城镇化比例提高了31.25%。

福建、浙江地处沿海开放地区，经济发展速度快，随着产业经济发展、城市布局等的影响，畲族人口地区分布明显地呈现出人口从欠发达地区向相对发达地区迁移、流动的趋势。

景宁畲族自治县畲族还出现了一个人口流动的特别现象，常住人口近年来呈现减少的趋势。景宁县为了推动山区农民增收致富，历届县委、县政府都把劳务经济作为重要产业来抓，促使一批又一批勤劳勇敢、诚信聪明的畲乡农民走出大山，远赴全国各地，在异地他乡勤劳创业，闯出了一片属于景宁人的广阔天地。特别是近几年来，县委、县政府实施“农民增收六大目标工程”，使人口“内聚外迁”进程不断加快，通过办好教育考出一批、通过移民移出一批、通过劳动力培训输出一批、通过景宁能人带出一批。通过这些途径，使劳务输出规模迅速壮大，创业层次也不断提高。

景宁县外出人口从事较多的行业有超市、电站、宾馆等。外出人员在外地就业后通过亲带亲邻带邻，在外买房、定居的人数在不断增加。同时近年来景宁县高中及以上学生（含中专、大专、大学）在外地学习半年以上的人口增加，大、中专学生毕业后，留在外地就业人数也在增加。此外，滩坑电站外迁移民（全县已移到县外1.6万人）也带动了外出人口的增加。

二、人口文化素质的发展变化

中国封建统治者对畲民有所谓“四不准”的规定，即是：“不准住平原，不准盖瓦房，不准走大路，不准上学堂。”科举应试列到“旧中国”不合适。

畲族春蕾班　（丁立凡摄）

浙江的《处州府志》记载："畲民识字绝少……畲民有读者，入衙门充书史，不得考试。"据1949年浙江省景宁县军管会统计资料，当时该县畲族人口中接受过初等教育的仅40余人，文盲率高达99.5%。民国十四年（1925年）《松阳县志》记载，松阳县畲族人口3048人，读过初中、小学的仅16人，是该民族人口的0.52%。丽水县一万多畲民，初小毕业生400人，高小毕业生20人，全县98%畲民是文盲。据福建省《霞浦县畲族志》记载，畲族人口从入迁至20世纪40年代末的数百年间，全境畲族秀才仅有5人，初中生不足10人，读过私塾和进过学堂的，百不及一。即使被认为是畲族文化最发达的白露坑，20世纪40年代也只有2所私塾，能粗识字的只有22人，仅占当时当地畲族总人口的2%左右。

新中国成立后，随着经济的发展，畲族人民政治、经济地位的提高和党的民族政策的落实，民族教育改变了以往落后的状况，得到较快的发展，景宁县1952年有畲村小学18所，畲族小学生807名；1966年发展到21所，畲族小学生有818人；1984年畲村小学增至42

所，在校畲族学生1085人。1988年11月，省、地对该县进行普及初等教育验收，全县畲族7～12岁儿童入学率达98%，1988年丽水县畲族小学生有1539人，学龄儿童入学率达98%。遂昌县1985年有民族小学7所，到1988年有畲族小学生983人，学龄儿童入学率达98%。福建省霞浦县1950年、1957年、1965年、1976年、1989年，全县的畲村小学和畲族小学生分别为2所，31人；9所，414人；25所，800人；42所，2820人；141所，4700人；学龄儿童入学率1976年为903%；1989年为97.82%。

在畲族聚居的县建立了民族中学或民族高中班，如景宁民族中学、霞浦县民族中学、浙江丽水碧湖中学民族高中班、云和中学民族高中班，遂昌大柘中学民族高中班、松阳靖居中学民族初中班等。另外还创办了民族师范、卫校民族班、师范专科学校民族班、民族大中专预科班等大中专学校（班）。新中国成立到1988年，浙江省丽水地区的主要县共有畲族小学毕业生63 419人；中学毕业生20 958人；考取中专人数为1165人；考取大专人数为243人。

据全国第四次人口普查提供的资料，1990年全国畲族在校生，大学本科538人，大学专科393人，中专1321人，高中3107人，初中13 521人，小学78 729人，总计97 709人，占畲族总人数的15.4%。

2000年人口普查资料显示，畲族15岁及以上人口有52.25万人，在15岁以上的人口中，文盲人口6.17万人，文盲人口比率为11.81%，其中男性成人文盲率为7.44%，女性成人文盲率为16.96%。与1990年相比，文盲人口减少了6.51万人，文盲率下降了17.55%。6岁及以上人口65.54万人，其中，受过小学以上（含小学）教育的占86.98%，受过初中以上（含初中）教育的占37.26%，受过高中及中专以上教育的占8.67%，受过大专、大学教育的占1.78%。平均受教育年数6.67年，比10年前增加1.41年。

到2010年，畲族6岁以上人口中：文盲占6.28%；小学4.26%；初中36.61%；高中10.70%；大专3.63%；本科2.64%；研究生0.16%。

浙江丽水学院畲族大学生 （作者提供）

由于一系列优惠政策，为数众多、不同形式、不同层次、不同规格的教育取得了成效。文盲、半文盲人数多少，所占比重的大小，是从另一个侧面度量人口教育水平的重要依据。第四次人口普查结果表明，畲族15岁及以上人口为431 878，其中文盲、半文盲人口数为126 766人，文盲率为29.35%，其中男性文盲率为16.81%，女性为44.34%，女性远高于男性。2000年畲族人口的文盲人口比率降为11.81%；2010年，更降至6.28%。

三、全民身体素质的提高

党的十一届三中全会以后，农村实行生产承包责任制，畲族山乡的经济搞活了，多种经营，变山为宝，乡镇企业蓬勃发展，畲族人民的生活水平大大提高。在进一步扩大开放的浪潮中，畲族山乡已经转型为外向型的经济，城乡畲族的经济生活有了质的提高。

全国唯一的畲族自治县——浙江景宁畲族自治县，2011年全县生产总值从2006年的15.6亿元增加到32.17亿元，年均增长10.8%；人均生产总值从11 796元增加到27 345元。城乡居民的收入水平和生

活质量获得新提高。城镇居民人均可支配收入从 11 798 元提高到 20 315元，农村居民人均纯收入从 3632 元提高到 7412 元，年均实际增长 7.5％和 11.2％。城乡居民储蓄存款余额从 8.5 亿元增加到 19.1 亿元，人均储蓄存款余额增长 124.2％。全面推进社保体系建设，城乡居民医疗保险和养老保险实现制度全覆盖。

畲族人民过去以番薯为主，主食是番薯丝，20 世纪 80 年代以来，基本解决温饱，大米成为主粮，饮食与汉族基本相同。80％的热能来自粮谷类，蛋白质、热量和铁达到供应标准。

过去，畲族人民居住在边远山区，交通闭塞，缺医少药，由于鼠疫、天花、痢疾、麻疹、丝虫、钩虫等疾病连年流行，人口出生率低、死亡率高，人口增长缓慢。新中国成立后，卫生事业不断发展，建立了卫生机构，形成县、乡、村三级卫生保健网。随着爱国卫生运动和除害灭病工作的深入开展，地方病和传染病基本上得到控制。近年来，畲族乡村预防保健网逐渐健全，儿童计划免疫进一步普及，群众免疫力提高。加上全面推进城乡居民医疗保险体系的建设，畲族人民看病难的问题基本得到解决。

畲族地区不断推进各项体育健身活动的开展，畲族青少年体质增强，体育人才增多，体育竞技水平得到提高。此外，一些传统体育，如棍术、拳术、投掷等项目，得到挖掘和整理。畲族武术特别是拳术，在一些畲族山村十分普及。畲族拳术流传于闽东的金涵、七都、九都、八都、飞鸾、漳湾、城南一带畲族聚居村落。

第七章

独特的山区经济

第一节　披荆斩棘　开发山区

一、"刀耕火种"的畲田

1. 随山散处，刀耕火种

至公元7世纪初，也就是隋唐之际，畲族人已经聚居在闽、粤、赣三省交界地区。当时这一地区山高林密，还多瘴气，畲族的祖先就是在这样极其艰苦的环境下，披荆斩棘，开荒造田，用辛勤的汗水建设自己的家园。

在唐代设立郡治前，畲族的经济还处在原始的"刀耕火种"阶段。当时畲族经济主要依靠农业生产和狩猎。公元7世纪中叶，唐王朝在畲区设置郡县，实行"辟土殖谷，而纳贡赋"，"劝农桑，定租税"的政策，封建生产关系开始实行于畲区。

元代以后，畲族开始以家庭为单位"徐徐而行，散点移动"。他们"随山散处，刀耕火种，采实猎毛，食尽一山则他徙"。

明朝实行"招集流亡，劝农兴学"政策，颁布法令，鼓励垦荒并

废除了名目繁多的苛捐杂税，这一举措促使畲民所居深山旷野得到进一步开垦。明万历年间有一位进士游福建太姥山，在过湖坪这个地方时，目睹畲人纵火焚山，“西风急甚，竹木迸爆如霹雳……回望十里为灰矣”，并写下“畲人烧草过春分”的诗句。

2. 荒山秃岭变良田

经过千余年的迁徙，到清代末期，随着畲族安家山野，自成村落，畲族的山地游耕逐步改为山地定耕，但由于生产力低下，仍有抛荒和轮作的生产习惯。

清顺治初年制定了一系列招民垦荒办法，招徕百姓垦荒，这使得流浪山区、寻找机会垦种的广大畲民成为当地官府招徕的对象。如浙江云和县在清初兵灾连年之后，田地荒芜达数万顷之多，云和太守出告示招募，蓝、雷、钟等新畲民入境。清代，浙江全省已有18个县或多或少地有畲民在那里开山垦荒，从事农业劳动。

大批畲民迁入闽东、浙南山区，并逐渐定居下来。他们随身携带农具，个别的还带有牲口。畲民无论男女，黎明即起，早饭后携工具赴田间劳作。他们“随山种插，去瘠就腴”，凡山间荒地“皆治为垄亩”；有水源的地方辟为梯田。畲族妇女则背着婴孩入山砍柴、采茶、挑担、拔草。

畲族采用多种方法对土地进行改良——担熟土拌客土，增加土地的肥力；烧草木灰肥田，割青蒿为肥料，或者施用栏肥，就地取料，效果甚好。经过几代人的辛勤垦植，终于将荒山秃岭变为良田，对当地凋敝的山区经济无疑起了很大的复苏作用。据浙江省丽水县新中国成立初期的统计，畲民在丽水县山间垦种的土地竟达一万多亩。

3. 畲族对山区经济的贡献

明清以后，大批畲民定居闽东、浙南地区，垦荒种山是他们最基本的谋生手段。他们主要种植禾稻、蓝靛、苎麻、甘薯、茶叶等。畲族人民以自己勤劳的双手和超人的吃苦耐劳精神，为闽东和浙南的山区开发作出了巨大贡献。

畲民垦荒造田，历尽艰辛，“水无涓滴不为用，山到崔嵬尽力耕”。由于自然条件恶劣，农田耕作极为粗放，水田都只二犁二耙，原始刀耕火种的残余尚留存在耕种之中。畲民田园多为梯田，靠近溪涧能经常灌溉的不多，久晴则怕旱，久雨则怕涝；水利设备极差，无水坝，亦无水渠，顶多用十分原始的方法在溪涧水源地方安上竹筒，疏导灌溉。

畲民种植一种旱作禾稻。这种稻谷适合在山上旱地种植，因多为畲民所种，所以又被称作“畲稻”。梯田山高水冷，土浅砂多，山道崎岖，交通不便，种植农作物花工大，产量低，一亩水稻从种到收，需要三四十个工作日，而每亩水稻产谷只有200～250斤，差的不到100斤。

明万历二十一年（1593年），福建长乐华侨陈振龙父子从菲律宾引进甘薯（番薯）苗，经巡抚金学曾的大力提倡，开始在福建各地普遍种植。由于甘薯耐旱高产，在粮食作物中的地位仅次于水稻。各地畲民利用“火田”、“火地”种植番薯等薯类杂粮，薯类成为那个年代山区不可或缺的主粮。

二、以狩猎改善生活

畲族在发展粮食生产的同时，还从事狩猎等副业生产。

狩猎作为畲民的一项重要生产活动代代相传。畲民的狩猎方式一般是集体围猎，狩猎方法依动物的种类而有不同的工具，如捕猎大野兽，即用敷有毒药的弩矢射击。福安畲区出产一种叫“草乌”的毒草，据说用此草捣汁敷箭，射虎立毙；也有的设“笊”（一种囚笼，类似竹吊）或设陷阱捕猎大野兽。捕猎山禽走兽则通常用鸟枪。

处于深山老林的畲民行猎工具有如下几种：

土铳——这是最常用的工具。一般自制，用钢管做铳筒，木制铳柄，点火引发。

毒弩——畲民在弩上架设带毒的箭矢，并放置于野兽出没之处。弩上有一活动针，针上引出一线。猎物经过时一碰这条线，活动针受震，毒箭便脱弩而出，射中猎物。

竹枪——将毛竹劈成尺余长的竹片，把两头削尖，投入油锅中煎炸，待竹尖颜色发黄后捞起冷却，竹尖遂锋利坚硬。以此竹枪插在庄稼地里，野兽出没糟蹋庄稼，即被竹枪刺中。

竹吊——在野兽出没的路口挖个洞，洞口放一活动圈，圈沿置一活动针。而后将长在洞边的毛竹或小树弯下一株，在毛竹或小树梢上吊一根绳子，绳子的另一端系在活动针上，野兽路过活动圈时，活动针即刻弹起，野兽的腿或躯体就会被绳子拴住，被弯下的毛竹或小树吊在空中，无法脱逃。

木笼——木笼分前后两间，前间安放一块活动踏板，后间缚一只家禽，当野兽入笼捕食时，一踏上活动板，木笼的门即自行关闭。

陷阱——在野兽出没之处，掘一深2米，长宽各1米的竖井，井面用树枝、泥土伪装，伪装物上放些食物，当野兽觅食时，踏上陷阱就陷入其中。

累刀——就是一把像扁担一样的长板刀。用时，置在木槽上，刀刃朝天，当野兽来往时，即被刮破肚皮而毙命。

有些地方的畲民有一整套狩猎的宗教仪式。他们出猎前要拜“猎神”，由猎人持香火叩头三拜，祈祷：“弟子上山，铳头落火，铳尾得财。”出发前要朝天鸣放一枪，才开始打猎。

畲民有一些狩猎禁忌，如在出猎过程中只能说吉利话；各种狩猎工具不允许任何人垫坐、跨越，尤其不得让寡妇触摸，意为“不得污秽”，否则打不到猎物。

狩猎是闽东、浙南地区畲族的一项主要副业，它既可增加收入，又可保护庄稼和牲畜安全。畲族射猎的对象有虎、豹、野猪、刺猬、山牛、山羊、狐、獭、獐、麋、鹿以及山禽等。在猎物分配上，畲族保留有传统习惯：即凡射中大野兽，开第一枪击中者，可分兽头或兽皮；补第二枪者，割兽颈，剩下的部分大家平均分配，没有老幼或功劳大小之分。凡是小猎物，烧熟后大家均可以尝一尝。

由于山区野兽多，畲民从小就培养狩猎技术，外出时常挟带弓矢。长期的狩猎生活，使畲民的狩猎技术十分娴熟。有人记载，闽东畲族，凡客至，即外出猎“野菜”，旋即可得。

三、畲家三宝——靛菁、苎麻和茶叶

畲家传统的手工业生产是山地农耕经济的派生物，畲村最普遍的手工业生产的项目是加工靛菁、苎麻和茶叶。苎麻的加工在家庭中进行，而靛菁和茶叶的加工有时也经小型作坊的协作而完成。

1. 靛菁

靛菁，福建人又叫“菁”。这是一种可以提取蓝色染料的草本植物。

早期闽西汀州地区的畲区，菁民就以“艺蓝为生”。后来，闽中兴化畲区仍“擅蓝靛之利”；入迁闽东的畲民，因擅种蓝靛，也被称为“菁客”，他们居住的村寨被称为“菁寮”。

靛菁的加工是“绞其汁以灰扰之而成靛”。大宗的菁染料生产以“寮”为单位进行，菁客受制于“寮主”和“山主”，“山主约束寮主，而寮主约束菁民”。

明代，东南沿海纺织业发展，对靛青的需求激增，“福建菁”已名闻全国，有“福州西南，蓝甲天下”之说。当时种菁获利颇丰，不少

畲民因而致富。

清乾嘉年间，闽东宁德畲区靛菁加工业进入最为繁盛的时期，“西乡儿都菁客盈千”。

清同治、光绪以后，“洋布”、“洋靛”充斥沿海市场，福建山区种菁业走向败落。

2. 织苎

苎就是苎麻，纤维细长，平滑而又有丝光，质轻而拉力强，吸湿易干又易散热，染色容易褪色难，是寻常百姓传统的衣着用料，社会需求量相当大。直到20世纪70年代，闽东广大的山乡农民每人仍至少有一件苎麻布制成的称为“粗衫”的劳动服。

由于气候和土质的原因，闽东和浙南广袤的山区成了苎麻的理想家园，山民都擅此业。种苎，制苎，直至织成苎布，“一条龙”做到底，自给自足。

畲家织纺苎布的时间多在农历七、八月和冬季农闲阶段，或者是茶余、饭后，“工头”、“工尾”间隙时间，或者雨天、雪天无法下地的时候。未出嫁的阿妹和年迈的阿婆都是捻织苎麻的能手。浙西南畲家称织苎布为“织纪”。

苎麻加工的原料由自家种植。苎麻一年可收3～4茬，苎麻收获季节一般在农历五、七、九月，苎麻苎布加工制作多由各户畲家妇女完成。

苎麻加工制作工序是苎麻去骨：用瓦状小刀刮去青皮，剩下的白皮晒干，呈白中透黄色；以水泡湿，再撕成丝状，捻成细线；经过糊浆拉紧拧直，用纺车将细线泅成团；经过织布机（畲家称为“楠机”）飞梭走线，织成苎布。

苎麻经溪水漂洗，用蓝靛等土染料染成青、蓝、红诸色，便形成色彩强烈的苎麻布。

织纺苎布　（作者提供）

苎麻布可裁制成夏衫、蚊帐、围身裙、裙带、布袋等。织麻布是畲族妇女的专长，家庭人口多的一年要织70～80尺，人口少的织30～40尺，原料都是自己种的苎麻，有少量黄麻。麻布都是当作外衣作为户外劳动之用，布质结实，耐磨损。畲民的苎麻布一般都是自用，很少拿到市场销售。

3. 畲茶

茶叶是畲民种植的传统经济作物，畲区几乎无园不种茶，如广东畲民种植的“洪菜”、福建畲民种植的“大白茶”，浙江畲民种植的“惠明茶”等，皆品质优良，畅销各地。

历史上闽东、浙南是中国茶叶的重要产区之一，闽东、浙南广袤的山野到处都可以看到成片成片的茶园。在畲村，几乎每家每户都种植茶树，茶叶给畲民带来了很大的经济利益。

畲民茶叶加工主要在家庭内进行，产量少则数斤，多则数担，均经个体手工制作完成。清末民初，在茶叶种植业发达的闽东畲区出现了专门从事茶叶集贸的“茶行”，也相应出现了茶叶加工的作坊。

采茶姑娘　（作者提供）

畲乡制茶历史悠久，工艺精湛。畲民主要制作绿茶，传统的茶叶加工方法是：

杀青——把茶青倒入锅内翻炒，使茶叶散失水分，便于揉捻。

揉捻——将杀青叶搓揉成条状。

烘干——茶叶置于焙笼上用炭火焙干。

浙江景宁畲民种植加工的“惠明茶”，产地在敕木山畲村。“惠明茶”的来历，据说是唐咸通二年（861 年），惠明和尚建寺山中，和畲民在佛寺周围辟地种茶，茶因惠明僧号而得名。“惠明茶”历代列为“贡茶”。1915 年“惠明茶”参加巴拿马万国博览会，荣获一等证书和金质奖章。

20 世纪 50 年代初期，畲区开始推广茶叶良种，50 年代中期，推广新式茶园，采用条栽、密植等，管理专业化，加工规范化。茶叶成为畲区最主要的经济作物。

四、手工制品

畲村手工业有竹编、缝纫、打铁、制木、首饰加工等种类。畲族的手工业与市场不发生联系，用帮工的形式体现报酬，并直接服务于农业生产。手工业工匠活动范围较窄，一般限于本村或附近畲村，他们农忙时下地干活，农闲时外出打工，或在家加工来料。

畲村竹制品，如斗笠、竹篮，银制品如手饰、首饰等，做工精细，成品精致，远近闻名。

银制装饰品——畲族银饰是畲族传统文化的重要象征之一，畲族银饰产品历史悠久、品种繁多，有头饰（如凤冠等）、银手镯、银耳环、银项链等，造型独特、做工精美，极具民族风情和地域特征。畲族聚居乡、村均有专业“打银匠”，加工畲族妇女用的扁扣、胸牌、耳坠、手镯、戒指、凤冠等制品。畲族银饰工匠的手艺巧夺天工，例如他们制作畲族传统“凤冠”时，其结构以竹片为骨架，先制成梯形的头冠套，冠套外围缝上五色波纹的“冠栏布”，额前镶双龙、凤凰、蝴蝶、花木、鱼鸟等图案。凤冠上额正中悬立一块“双龙戏珠”银饰，额正面贴镶两块银质“冠栏片”，其下并排悬挂 4 片四方形有花纹的银片，表示“盘、蓝、雷、钟”四姓联姻。

纺织丝腰带——畲族妇女所系绷腰带全部为自制，以自养蚕丝来纺线织带，工艺精巧、色泽鲜艳、图案美观，是畲族姑娘出嫁时的必备物品。

竹、木制品——畲民生产、生活使用的番薯篮、箩筐、谷席、土箕、斗笠、竹床、竹椅、竹席、竹扫帚等均为手工生产，除自用外，大部分出售。木制品有床、柜、橱、桌、椅、板凳、桶等。

造纸——畲族造纸业兴起于明末清初，福建罗源县、连江县畲村盛产毛竹，各村都开设纸槽。罗源县塔里畲村在清末开设纸槽 65 个，

编织彩带　（Photobase 提供）

年腌制毛竹千余担，造纸百来吨，“塔里甲纸”产量多、品质佳，一个村年产量占罗源全县产量的 10%，深受商贾青睐。

榨油——畲民食用油及生产用油大部分为自产，有菜籽油、花生油、山茶油、桐油等。

酿酒——家酿米酒是畲族传统产品。这种米酒是用上等糯米蒸为干饭，加红粬、凉开水，装入酒坛发酵而成，质醇味香，每户均要酿制 2、3 坛。这种红粬酒是畲民家庭必备待客饮料，有些富裕大户还开设酒库，酿造大量米酒。

第二节　猴墩茶人——闽东畲族茶商的奋斗史

福建历来有“东南山国”之称，闽东北更是山峦叠嶂、羊肠九折、鸟道千盘。位于闽东山重水复环境中的猴墩畲村，本是春种秋收，平淡无奇，却因清代中期的两个机缘，一发成为闽东地区著名的茶叶贸易集散中心，畲人无意间成为这个地方茶市贸易的执牛耳者。

一、猴墩茶叶集市的形成

闽东地区的山地、土壤、气候极为适宜茶叶的种植，历来是中国主要的茶叶产区，生活在闽东山区的畲民也是种茶的好手。

19 世纪，福建茶叶进入黄金时期，在国际茶市上风靡一时，输出量位居全国首位。在福建的茶叶品种里，武夷山出产的红茶——正山小种深受西方上流社会的青睐和追捧，西方茶商携带巨款往来武夷山茶叶产区，采购来的茶叶从陆路，即走江西往广州的道路，然后从广州装船运送到欧美地区。

清咸丰初年的 1853 年，太平军的刀剑切断了武夷茶往广州的通道，西方茶商被迫另寻出口渠道。美国的旗昌洋行开辟了从闽江水路运输武夷茶的方式，取得巨大的成功和利益，引得各商家竞相效仿。咸丰五年（1855 年），武夷茶的集散地福州已经有 5 家洋行在竞争抢购茶叶，福州这一年输出 1573 余万磅的茶叶，次年上升到 3500 余万磅，福州在国际茶市声名鹊起。19 世纪 60 年代，福州茶叶出口量突破 6000 万磅。在福州经营茶叶的商人赚得盆满钵满。

但武夷茶的数量毕竟有限，茶商开始将触手伸向闽东北这块福建重要的茶叶产区。闽东原来主要的茶叶品种是绿茶，茶商为了适应外贸红茶的需求，从武夷山请来制茶师傅，开始在闽东地区揉制红茶，红茶作坊很快遍及闽东各地。闽东特有的茶叶，加上武夷山地区传统的制茶技艺，由此诞生出福建“闽红三品”（即福建三大功夫茶）中的二品——福安的“坦洋功夫”和福鼎的“白琳功夫”。宁德是闽东去往福州交通的必经之地，福安是闽东重要的茶叶生产地，就在闽东地区茶叶贸易兴盛的背景之下，位于宁德和福安交界处的猴墩畲村应运而生，成为闽东一个重要的茶叶集散地。

猴墩畲村之所以成为茶叶集市，得益于其交通的便利。当时有两

条“官道”经过猴墩村，外可连接宁德八都镇的霍童溪码头，内可直达闽东北的腹地。霍童溪可以通向三都澳、官井洋，这两个出海口均可以很快到达福州港；而从猴墩向内延伸的地区都是茶叶产区。猴墩村东西两侧的石板路，贴崖接岭、越水穿山，犹如两条发黄的电影胶片，记录着近代畲族茶商的行色匆匆；又如两根琴弦，弹拨出畲族人民梦想富裕的交响乐。

二、畲家茶庄

猴墩村曾有多家畲民茶庄，畲族商人收购附近36村的茶叶，通过水陆两路运到福州；同时，又从福州运回布匹、洋油等日常生活必需的各项杂货。每年春秋两季茶叶采摘的时节，猴墩村里头，茶叶买卖的议价叫喊，计算货款的算盘噼啪声，加上茶叶运送的人、车，汇成一个民间茶叶交易的大合唱。就在这人声鼎沸中，畲民茶庄生意红火火、财源滚滚来。

雷志波是猴墩村诸位茶商中最有名气与威望者，也是猴墩茶市的创始人与主导者。他具有超乎常人的智慧、抱负、远见、胆识和魄力，在同治十三年（1874年），把自家住屋辟为茶庄，起名“雷震昌号”，筹措资金，主动与驻福州的古田茶庄联系，将猴墩村作为茶叶经销点，做起茶叶买卖。他与地处福州府的闽中知县候选雷铭勋交往甚笃，雷铭勋在他与夫人双寿时，赠送的“婺星焕彩”牌匾，至今还悬挂在祖屋厅堂上。

在猴墩茶市方兴之时，茶叶贸易并不顺畅。以往，猴墩每年有数千担茶叶从八都镇木际码头装船，经霍童溪，出三都澳，驶往福州；猴墩商户又从福州置办杂货运回八都，一路往来，都要经过木际码头。木际村王姓凭借势力和地域优势，强行征收码头占用费。由于势单力薄，猴墩畲民不敢开罪王姓，近半个世纪，大量的银元白白流入王家囊中。雷志波难以容忍这种不平事再继续下去，由他牵头一连几纸诉状告到宁德县衙。可是由于畲族的政治影响在当地十分有限，几年下来用于诉讼的银子都打了水漂。百般无奈之下，雷志波想到了福州府的族亲雷铭勋，在雷铭勋的直接干预下，终于打赢了官司，确保了猴墩茶叶运输之路的畅通。

雷志波凭借自身的政治影响力、经济实力和个人魅力，既任猴墩村雷氏家族的族长，又任九都茶叶商会会长。在他的领导下，一方面优化茶叶市场的社会环境，增强猴墩茶市的竞争力；另一方面继续开拓茶市的规模，先是扶持堂兄弟雷志满办起了第二家茶庄，商号为“雷泰盛号”，又带动其族亲雷成学办起了第三家“雷成学号”茶庄。

随着茶叶市场的拓展，雷志波的“雷震昌号”茶庄扩展为“灿记”、“庆记”茶庄，雷志满的“雷泰盛号”茶庄扩展为“满记”、“祥记”茶庄。400 余人的畲族村落有 5 家茶庄，并且都由雷氏畲民家族成员经营，他们的贸易伙伴也基本上是“畲家阵”，即以附近畲村为主的畲族茶农。这些畲族村落包括七都的漈头、高山，八都的半山、南岗、灵山，九都的九仙、后湖、柴坑、施洋、巫家山、上乌坑，赤溪的社洋、棉头石、尖山等。临近福安县甘棠、溪潭、穆洋等乡镇的畲族村落的茶叶也流向猴墩村。猴墩茶市以“畲家阵”的本民族认同感构建起了茶叶物流的社会经济网络。

猴墩茶庄以收购绿毛茶为主，每届茶季，茶庄隔两天即平均有百担茶叶装袋出运。在猴墩茶叶市场的鼎盛期，头春茶可收购 1500 担之多，二春三春能收 2500 担。那时，畲村大户茶农年平均可采收茶叶 3 担，就是一般的小户人家也可采收 1 担左右，每担茶叶的均价为 25 块银元。猴墩茶人除了将每年约 4000 多担干茶叶运往福州茶栈外，又在猴墩村建起了村街饮食店、旅馆，接待各村送茶的畲家茶农。他们还在九都南部人口较密集的八都集市置业经商，办起了多家杂货店，经销煤

猴墩茶山　（作者提供）

油、布匹、海产、山货等。为了扩大经营范围与规模，进一步繁荣地方商品经济，猴墩茶商在用心主业的前提下，调动家族的力量，有意识地开始涉足服务业、零售业等。受猴墩茶人的影响，一些畲村也办起茶庄。如漈头畲村办起了“雷伏保”茶庄、中前畲村办起了“雷德庚”茶庄。

猴墩畲族茶庄属于内地茶庄，他们收购的对象主要是四邻乡村畲族茶农，由于同属“畲家阵”，彼此信任，根本无须茶贩中介代劳，因而降低了运营成本。和一般的内地茶庄一样，猴墩茶庄“资本不甚充足，多赖中心市场茶栈之货款以资周转。其制成之茶少有直接出口者，均须运至中心市场投栈”。

每年入冬，猴墩茶庄从福州茶栈挑回一桶桶银元，每担银元重 90 斤（官秤），作为定金分发给畲族茶农。四乡的畲族茶农得到了定金，用于修整茶园、发展茶叶、置办年货、盖房娶亲。到了来年三春茶季，担担茶叶定期送到猴墩茶庄。茶庄将茶叶运往福州，取回余额，购回杂货。回到猴墩，卸下杂货，备足资金，好让茶农索取。一般一个来回需一旬时间。春去秋来，周而复始，资金循环，50余年如一日，畲族茶农—猴墩茶庄—福州茶栈，三者所构成的经销网络，相互默契，合作共赢，信用的链条从不曾中断。

猴墩茶市虽然规模不大，但却能始终如一、长盛不衰。究其原因，在于猴墩茶市全靠方圆数十里的畲族乡村支撑，这个与众不同的茶市运营模式，是在畲民家族伦理的支配之下推进的，法律的真空由本家族的同心和本民族的协力来填补。猴墩茶市的主体是由畲族茶商与畲村茶农构成，这个特殊的农商结合经济群体，在宁德县九都茶叶初级市场中，以家族文化的壁垒，杜绝了商场上的失信、瞒骗和讹诈等弊病，并以极端传统的社会诚信与贸易取予的基本规则，与福州中心市场的有关茶栈缔结了稳定的经济联盟，这种独树一帜的市场优势是清末民初其他茶叶市场根本无法达到的。

三、其他商业贸易

畲村没有固定的集贸时间和地点，都是到离村落较近的集镇从事商业活动。

明代，偏远畲村“其贸易商贾，刻木大小长短为验”，商业贸易十分落后。

清代开始，畲民将多余农产品等挑至集镇交易，其所制竹器、所酿蜂蜜或所畜养的猪、鸡，所捕获的鱼、骛，“皆鬻于市”。交易最为经常的是砍柴拿到市场交易，所易货币用以购买各种棉纱布匹等杂货，即换取最必需的生活用品和生产资料。魏蓝《畲客风俗》载，清代浙西南畲区“凡物与人换物者，即以高价与之，畲客亦不肯售。畲妇持鸡至城市，换人旧衣物，或挑番薯、芋头、萝卜之属，与人换鞋”。

清代，具有某种土特产的畲区开始专门推销这种产品，并在畲区

形成专业市场，如景宁畲区的香菇远销华东、华南，闽东畲区的茶叶大量出口外埠。

民国时期，畲家殷实之户进城开办商店，正式成为商贾。如浙西南蓝氏于1929年在云和县城内创办该县最早的糕饼店“聚芳斋”，店内糕点品种繁多、质量优良，胜于进入当地的温州、丽水糕饼。抗战时期，浙江省府转迁云和，杭州、嘉兴、宁波等处食品店也进云和开业。在商业竞争中，“聚芳斋”经营有方，长盛不衰。1931年，云和县六家蓝姓畲族在青田县西门外开设“陆同春”木行。该行资金雄厚、交易公平、信誉第一，年经营额为银元3万元以上，在青田木行中首屈一指，业务范围遍及浙西南。这一时期，许多畲村还出现贩卖米酒、耕牛、山羊等专业户，他们除从事农业生产外，还出外行销，赚得小量利金。

20世纪50年代畲村的货物贸易由信用社、供销社主办。至70年代后，畲村出现私人开办的供销店，均系小本买卖，不具规模。祖辈已迁居城镇的畲族后代，或者中学毕业的畲村青年开始兴办企业、经营商业，相继投身于社会主义市场经济的洪流。

第三节　独特的畲乡经济标识

畲乡传统的山区经济发展模式以及得天独厚的自然条件，打造出畲族具有民族特色的经济标识，其中既有如云山畲田般的畲乡奇景，又有福安大白茶、景宁惠明茶这样的畲乡特产。

一、云山畲田

登临福安的白云山山顶，俯瞰四周方圆300公里，绵延起伏的山峦似涌动的盘龙，峰与峰之间幽成峡谷，谷与谷之间飘荡云雾。云雾茶岭间，浑然天成一幅山水田园诗画。那一丘丘梯田，层层叠叠，犹如天梯直上云端。阳光普照大地，水田恰似“大珠小珠落玉盘”，波光粼粼折射出神秘的光彩。

这些散落山间的“巴掌田”，大的不过一亩，小者仅有簸箕大，大多是典型的“斗笠丘、眉毛丘”和“蛤蟆一跳过三丘”的碎田块，因此有“蓑衣盖过田”的说法。不过，这叠叠水镜从座座山头延展而下，如串串银链山间挂；似排排绿浪从天泻，堪称“山哈”先民留下的杰作。世居这方水土的“山哈”，“民以畲名，其善田者也”。即随山就势因地制宜开垦梯田，坡缓地大则开垦大田，坡陡地小则开垦小田，甚至沟边、坎下、石隙也开田。北宋王禹偁曾作《畲田词》五首，生动地记录了山区刀耕火种的情景。作者在诗序中介绍耕种方法：“大底先斫山田，虽悬崖绝岭，树木尽仆，俟其且燥，乃行火焉。火尚炽，即以种播之。”

田是畲民的命根子，水则是田的命根，水的命根又是森林和树木。为此，智慧的“垦田而居者”，顺应自然，将村寨、森林、水系、梯田四个要素和谐统一。在坡地上分段沿等高线建造的阶梯式农田，是种植庄稼而切入山坡的平地，具有蓄水、保土、增产的作用。以梯田田埂和水渠水沟为通道，连接起溪流、风水林、梯田、村寨与村寨，形成农耕文化一道美丽的人文风景线。“山中龙脊笼翠烟，层层梯田入云巅。紫燕剪水秧田里，白鹭翻飞茶岭间。”梯田所创造的大地景观艺术，是自然景观和活文化生态的完美结合。

二、福安大白茶

福安市是我国著名的茶乡之一。这里不但种植茶叶的历史悠久，而且近年来，无论是茶叶的种植面积还是年产量在全国都是遥遥领先。2001年福安市获得国家林业局授予的“中国茶叶之乡”的荣誉称号。

在福安诸多茶叶良种中，有一个叫做“高山云雾茶”的品种，因为叶大而白，也叫“大白茶”。这个品种以产量高，茶味好，抗寒、抗旱又耐肥闻名，是全国茶树品种审定委员会认定的我国12种国家良种之一；1973年正式定名“福安大白茶”，1988年名列《中国农业百科全书·茶业卷》。

第一代大白茶在这里有“大白祖宗”、“大白外公”的美称，它们都在海拔千余米的高山上面。远处山崖上面，一道瀑布破涧穿壑，跌宕而下；然后又悄悄地隐身于万绿丛中。石径两旁的常青树还是一身戎装，不时有些许红叶树夹杂其间，为宁静的山野平添了许多生气。在这道十多华里的山岭，因为十分陡峭，好几处都呈45°～60°倾斜，畲族人说这叫“扁担岭”。

这是一株从一个老树头上重新萌发起来的茶树，共有十多个头茎，每个头茎都长出了四五米高的树干，它们尽情地向上舒展，很少有分枝，只有树梢才长了少许的叶子。这就是令人心仪的福安大白茶的老祖宗。

穆云畲族乡的高岭村是福安大白茶的“娘家”。这个畲族村坐落在秀溪西岸海拔700多米的山上，与山脚下的溪塔畲村遥遥相对。高岭村民们唱起了《茶苗歌》。歌声欢快而又清亮，仿佛一盏清甜的高山云雾茶，沁人心脾，馥郁芬芳。

女：茶叶苗，问郎茶叶哪里来？茶叶出在哪州县？从头一二讲出来。

男：歌言回答唱歌妹，从头一二讲出来。茶叶出在崇安县，天下侪人取去栽。

女：茶叶苗，清明谷雨叶青青。今年茶叶会值钱，劝你回去种茶青。

男：高山茶叶绿青青，劝你回去栽茶青。今年茶叶会值钱，福州茶客送茶钱。

高岭人靠山吃山，竹木是他们主要的物产。过去由于交通不便，山区的优势无法发挥，穷守富山。现在水泥路已经贯通，小型汽车、拖拉机和摩托车都可以直接开到村里，给小山村带来了很大的便利。随着畲村造福搬迁工程的启动，已有部分村民在山脚的坡头平地安居乐业。这里不但种植果树蔬菜，还养羊饲鸭、加工竹木……多种经营、全面发展的路子越走越宽，越走越富。在这其中，最让村民倾情的是培育大白茶的茶苗。

三、景宁惠明茶

景宁惠明茶是浙江传统名茶，古称“白茶”，又称“景宁惠明”，简称惠明茶，产于景宁畲族自治县红垦区赤木山的惠明村。惠明茶茶园多在海拔600米左右的山坡上，这里土质肥沃、雨量充沛、云雾缭绕，茶树生长环境得天独厚。惠明茶外形细紧，稍卷曲，色绿润，具有回味甜醇、浓而不苦、滋味鲜爽、耐于冲泡、香气持久等特点，是名茶中的珍品。

相传在唐大中年间，有一个畲族老翁，名叫雷太祖，带着四个儿子，从广东逃荒到达江西，途中遇到一个和尚，相处得十分亲热，一路同行到浙江。分手以后，雷太祖便在景宁的一个叫大赤坑的荒凉深山坞里搭起了茅棚，父子五人靠垦荒种地度日。后来豪强硬说雷太祖侵占了他的土地，就把雷太祖父子赶下了山。雷太祖父子只得重过到处流浪的生活。事有凑巧，他们又在景宁鹤溪遇见了那个和尚，和尚非常同情雷太祖的遭遇，就把他们带到自己的寺院里。原来这个和尚就是敕木山惠明寺的开山始祖。和尚嘱咐雷氏父子在惠明寺周围辟地种茶，这就是传说中的惠明茶的由来。

浙江景宁惠明寺 （作者提供）

制作惠明茶所用鲜叶为芽头肥大、叶张幼嫩、芽长于叶的一芽一叶。制作时先将芽叶于铜锅中炒青，至适度时起锅，摊凉并轻轻搓揉，然后用焙笼烘焙至八成以上干度，再入锅整形翻炒至足干。成茶条索紧缩壮实，颗粒饱满，色泽翠绿光润，全芽披毫，茶味鲜爽甘醇，带有兰花香，汤色清澈明绿。

该茶生产始于唐代，因交通闭塞，知者甚少。据《景宁县志》记载：唐大中年间（847～859 年），景宁已种植茶树。景宁惠明茶产于唐咸通二年（861 年），惠明和尚主持建筑的惠明寺山地，茶以僧名。今存一株苦白茶，树龄已逾千年，为稀罕茶树之一，叶子乳白带淡黄，冲泡后呈白色，人谓“仙茶”。清乾隆五十四年（1789 年）起，惠明茶列为贡品，清咸丰年间开始渐有名气。

民国四年（1915 年），由惠明寺村畲族妇女雷陈女炒制的惠明茶，被送到旧金山举行的庆祝巴拿马运河开通的巴拿马万国博览会上，因品质特优，被认定为茶中珍品，荣获金质奖章和一等证书。可惜在民国年间，惠明茶一直处于农户零星栽植、粗放制作状态，仅为畲民兑换些许盐布，没有形成商品。民国后期，茶园荒芜，制作技艺失传。新中国成立后，于1979年恢复生产。惠明茶1982年、1986年被评为中国名茶，是名茶中的珍品。

第四节　畲族当代经济的转型

70万畲族同胞主要散居于东南5省的广大地区，天然的区位优势为当代畲族民族经济的发展提供了得天独厚的外部环境，在社会主义市场经济大潮汹涌的今天，当代畲族民族经济产生了重大变革和发展。

一、山区经济的产业升级

畲族散居的山区，自然资源十分丰富，除品种多样的农产品外，山区还盛产林木和毛竹，其中如栓皮栎、檫树等树种为世界所稀有；畲区茶叶、景宁的香菇久享盛誉，行销海内外；山区的土特产和名贵药材以及各种水果也非常丰富。此外，畲乡深山密林中的珍禽异兽和矿产资源也很多。这些丰富的自然资源，成为畲族地区民族经济发展的独特优势。

1. 景宁县的创汇农业

景宁县生态条件十分优越，然而过去农民种植模式较为单一，生态优势并未有效转化成农业发展优势。近年来，景宁县鼓励农户发展适销对路的外销产品，每年拿出专项资金专门扶持农民发展外向型经济，建立了创汇绿色基地20多个。

“我家这2.5亩低产田，估计今年收入能近5万元。”景宁畲族自治县梧桐乡梧桐坑村村民梅振伟在自家田里采摘黑木耳，满脸喜悦的他自从实施新的种植模式后，产量翻番，收入也跟着翻了好几番。

农户在县农业部门的指导下，实行了大球盖菇与夏玉米、秋菜的

轮作，不仅提高了土地利用率，还增收了500多万元。县里用轮作模式生产的黑木耳达1500余万袋，大球盖菇500余亩。昔日亩收入不到1000元的低产田，都提高到了现在的平均3万余元，扣除生产成本，亩净收入近2万元。当地从2003年起推广食用菌轮作栽培技术，种植的食用菌大多销往日本、韩国和西欧等地，产值达3000余万元，出口创汇收入达6000万元，占该县食用菌出口总数的60%以上。

2. 赤岭乡的全方位经济发展模式

“你唱我和开金口，打开嗓门唱新景。如今生活蜜样甜，畲家儿女感谢党。”新建的赤岭乡畲乡文化图腾广场不时传来阵阵歌声，山歌悠扬、情真意切，唱出了畲乡人民的幸福生活，唱出了畲家儿女的共同心声。

赤岭全乡耕地面积11 948亩，山地面积10.8万亩。由于合理调整农业结构，形成粮食、水果、蔬菜、食用菌、畜牧五大主导产业。2000年，全乡粮食总产量达7400吨。乡里创建了“赤岭优质水果苗木基地”和“高优水果示范基地”，全乡水果面积6万亩，总产量5000吨。赤岭建立大棚反季节蔬菜试验示范基地，蔬菜种植面积7000亩，总产量8000吨。此外，食用菌种植面积达8万平方米，还建设淡水养殖体系，养殖鳗、鲢鱼、罗非鱼和南美洲白对虾等，淡水产品总产量1000吨。2001年赤岭乡工农业总产值1.35亿元，农民人均纯收入3380元。全乡有乡镇企业400家，其中集体企业15家，私营企业62家，个体工商户312户，从业人员达3000人。至2011年，乡镇企业总产值达2.85亿元。

3. 猴墩畲族村的农产品加工业

宁德蕉城区八都镇猴墩畲族村位于蕉城与福安交界处，有人口700多人，是闽东著名的纯畲族聚居区。猴墩畲族村充分发挥当地山地资源丰富的优势，靠山吃山。猴墩村两委带头开发荒山，种植茶叶和美国脐橙、水蜜桃等高优水果品种。全村150多亩美国脐橙，100多亩水蜜桃，每年农民可增加收入300多元。该村不仅开发了平湖山集体茶园578亩，还以平湖茶场为中心，带动全村群众开发茶园1300多亩，配套办起了2个茶叶初制厂、茶珠厂，人均拥有茶园2亩，茶叶人均年收入近3000元。他们提出发展精制茶、提升农产品附加值，以增加农民收入的做法。平湖茶场已被建成高标准茶叶示范场，生产的有机茶叶标准达A+级（欧盟标准）；出产的茶叶成功打入了北京和欧盟等市场。有了茶叶这一支柱产业，群众也忙起来了，外出打工的人少了，还为周边村庄提供了100多人的就业机会。

4. 现代工业走进樟坪畲乡

江西贵溪市樟坪畲族乡位于鹰潭市东南部山区，人口4400余人，人均耕地不足0.5亩。由于畲乡地处山区，交通落后，贫穷和闭塞一

畲寨新貌 （柳明格摄）

直困扰着畲乡百姓。贵溪畲乡人跳出山寨子，面向大世界，融入工业化，谋求大发展。他们通过以诚招商、以商招商，引进了江西铜材、华锋铜业、凡尔顿机械、天丰竹业等11家工业企业，形成以铜精深加工、机械制造、医药保健、节能灯具等特色产业群。2001年全乡GDP达1.56亿元，农民人均纯收入4000元、乡财政收入6292万元，与2000年相比分别增长了49倍、3倍和210倍。樟坪乡一跃跻身全省经

济发展百强乡镇之列。

二、闽东畲族企业家团队

21世纪初，闽东的畲族企业家开始聚焦市场，初露端倪。他们起初主要是从事养殖业、种植业、运输业、建筑业以及服务行业的乡村个体户。十年磨一剑，畲族企业家“破茧而出”，逐渐成为闽东经济舞台上的新角色。

他们中大多是白手起家的畲族村民。他们求知若渴，对市场有着特殊的敏感与判断力，他们身上总有一股孜孜不倦的创业精神。在市场博弈中，摆脱昔日个体户家庭作坊式的经营方式，滚动发展，不断扩大企业规模，逐步建立现代化经营模式，展示着无限的活力和能量。这些畲族企业家的出现是新世纪畲族经济发展史中的新动向。

1.“加气砖”砌起绿色家园

宁德大唐火电厂每年排放的工业废渣粉煤灰，过去始终采用填埋的方式处理，废渣对环境造成了很大的影响。从2008年开始，这些工业废渣被源源不断地运往了宁德常富建材有限公司。

常富建材有限公司是闽东第一家生产加气砖的企业，每年可以消耗宁德大唐火电厂数万吨的工业废渣。

“加气砖”不仅质轻，还具有保温、隔热、隔音、抗震、环保、节能等优点。“加气砖”的最大优势就是原料来源非常广泛，矿渣，粉煤灰和煤矸石等都是做加气混凝土的原材料，不浪费宝贵的耕地。而当地宁德大唐火电厂每年排放的工业废渣粉煤灰正是生产加气砖可以大量利用的原材料，具有良好的经济效益和社会效益。“加气砖”是传统的墙体材料实心黏土砖的替代品。

新型墙体材料“加气砖”不是普通的黏土砖，其生产过程是依靠良好的设备和严密的数控完成的。为了确保产品的优质性与稳定性，必须寻求现代化的管理模式，必须加强技术力量，提高工人素质。创业之初，蓝慈富从福州招回他的侄儿蓝文耀。年轻人毕业于福州大学电气系，已有多年的工作经验。蓝慈富任命他为厂长，负责具体的经营管理。

走进常富，与踩踏烂泥、灰头土脸、烈火炎炎的“砖窑”图景迥然不同的是舒适的工作环境。从配料到浇注的整个生产过程全部由电脑自动控制，产品质量的检测在实验室里完成。偌大的厂房，员工仅60余人。其中专业技术人员17人，女工占1/4。各个部门均订立了确保安全与操作规范的条例。

近年来，建设资源节约型社会，已经成为社会经济发展的紧迫任务，绿色浪潮此起彼伏。蓝慈富的选择，与绿色文明时代的需求、与国家的节能环保政策不谋而合，引起了当地政府的高度关注。从审批土地、引进设备、投入生产等许多环节，宁德市、蕉城区政府都给予了大力的支持。在2007年闽东“616”招商节上，宁德常富建材有限公司以项目投资的“加气砖”，填补了闽东新型建筑材料的空白，成为媒体报道的焦点。

2007年6月，宁德常富建材有限公司破土动工，2008年6月竣工投产。这一年也是常富最困难的一年，公司刚刚起步，产品还没有被市场广泛接受，销路不畅，当地一些建筑依然沿用黏土砖。

蓝慈富坚信，和国家的未来心心相印的产品具备独特的竞争优势，一定能走得长远。而当地政府也始终牵挂着常富。在市政协主席姚智梅的主持下，关于如何节能环保、综合利用工业废料等课题的调研报告与建议提案引起了有关部门的重视。绿色宣传教育逐渐深入人心，人们的绿色意识也不断增强。这为常富生产的新型节能墙体材料加气混凝土砌块开拓了广阔的市场空间。如今，常富的产品在蕉城区建筑材料市场占有率已经达到90%以上。闽东万达广场、秦屿核电厂、宁

德学院、宁德保障性住房等重点工程选用和采购的都是常富生产的加气砖。他们的产品还销往闽东其他县市。

2. 木艺里的民族记忆

钟林其出生于一个畲族农民家庭，自小生长在福安与宁德交界处的一个不足百人的长岗自然村。木艺本是乡间最朴素的一种技艺，15岁的他跟随舅舅学艺，16岁出艺，无论大木（房屋木构件）细木（家具）样样精通。之后便走村串户为乡邻们加工木制家具。

凭借着与生俱来的耐力和悟性，他的活计地道精细，民族气息浓郁，成为普通庄户人家最气派的家居用品，在宁德八都、福安甘棠一带享有盛誉。看着眼前的大山和闭塞的小村庄，钟林其渴望化茧成蝶，找寻属于自己的天空。他组织人马外出承包装修工程，随后又置业房地产，投资物流企业，获益匪浅。

然而，多年之后，承载着他的生活与梦想的依然是他的木艺。钟林其意识到，人们对于城市生活的喧嚣"有点烦"，需要一种宁静、自然甚至原始的家居环境。他对木制家具以及精巧的木雕工艺品，开始有了新的追求。

2007年，钟林其创办了宁德市艺达木业有限公司。他制定出清晰的市场定位目标，致力于将畲族传统文化和工艺融入到产品的研发、设计和生产中，保持典雅的民族装饰风格及精湛的传统工艺，运用现代科技结合传统工艺，规模化、产业化制造生产木制品。

钟林其的合作伙伴、公司总经理钟石祥也是一位畲族企业家。他从事广告业与商业贸易，有着多年从商经验。为了公司发展的需要，钟林其甚至唤回了在广东打工的弟弟钟林树，让他参与公司的运作。公司现有员工90多人，大多是畲族同胞。企业的高级工程师、工艺美术师、雕刻师和其他专业技术人员约占员工总数一半。

除了到进口木材集散地连云港选购木材外，钟林其还常常亲自到国外采购珍贵木材。为了节约成本，他在越南设立了分厂，利用当地的劳力与原材料，产品在当地粗加工后运回宁德厂部进行精加工。

他们的产品中畲族文化元素成为最大的卖点。既继承了畲民族的传统，又包含了畲族文化在现代化进程中的创新与发展，富有民族韵味的产品很快引来江苏、浙江以及宁德、福州的客户的纷纷定制，产品供不应求。钟林其还承接了位于金涵畲族乡的中华畲族宫、上金贝畲族村、猴盾畲族村与福安市穆云畲族乡的畲族古建筑构件的制作业务，并获得广泛的赞誉和肯定。

畲族木雕　（作者提供）

2010年，钟林其被推选担任宁德市工艺美术协会副会长。同年，艺达被宁德市文化广电新闻出版局授予宁德市第一批文化产业示范基地，福建省质量协会授予艺达讲诚信重质量福建省质量协会团体会员。

在宁德市艺达木业有限公司的产品展示大厅里，充满了酸枝木、紫檀、花梨木、白蜡木、红玫瑰木、斑马木、鸡翅木等生动的材色、多变的纹理、丝丝的幽香。而那些与畲族群众息息相关的手提篮、果子盒等日常生活用品，古代畲族大户人家常见的花格门窗、屏风等木雕装饰品，以及畲族婚嫁民俗所需的各种传统雕花家具，畲族巫师的祭祀用品，更承载着闽东畲族特有的文化精神和审美趣味。

3. 大山深处对接国际市场

福安市坂中畲族乡丛山中的大林畲族村，是闽东钟姓畲族的祖居

地。村里钟氏祠堂的神龛内200多面的家族龙牌为市级文物保护单位。2007年，这个不足500人的畲族古村落建起了现代化的厂房与宿舍楼。出生在大林村的畲族青年钟乃荣在家乡创办起福安市健龙汽车配件有限公司。

公司占地面积5000平方米，建筑面积8000平方米。厂区内设有数控车间、注塑车间、注胶车间、冲件车间等11个车间，产品包括车外件、车内件、装饰件、底盘件等，几乎覆盖了汽车所有的零配件。产品以外销为主，主要销往欧洲、南北美洲、澳洲等11个国家以及中国台湾、香港地区。公司现有企业员工150人，其中管理人员35人，生产车间人员为115人，有将近一半人是畲族，包括本村男女青年，在企业员工中工龄最长的已有十年之久。

董事长钟乃荣涉世之初，先后当过货车、客车司机。多年的驾驶生涯，使他对汽车产生了特殊的情感，车内零部件的故障，成为他的兴奋点。他常常自己拆卸下来摸个究竟。同时，他看到了汽车零配件市场潜在的商机，于2001年成立了健龙汽车配件有限公司。翌年，他得到了第一份订单。

钟乃荣的企业主要是接单生产，即通过经销商获取订单，由供应商提供原材料，并根据客户提供的样品或需求生产样机，样机经检测合格后投入批量生产，销往海外。8年前，企业刚刚起步，资金不足，在与温州的一位供应商结算时还欠对方8000多元。当时企业资金吃紧，但钟乃荣承诺，一定在年内付清。到大年廿九日的那天，钟乃荣亲自乘车到温州，交还了欠款。温州供应商原来并不十分在意这些余款，当见到这位信守诺言的年轻人时，感动了，知道这是一位值得信赖的合作伙伴。第二年，温州供应商便源源不断地给他供货。

2007年，次贷危机席卷世界主要金融市场。许多世界著名企业都受到风波的冲击。此时，公司发给美国经销商ABC公司一笔价值400

多万元的货物。对于一个小型民营企业，这是不小的数目。ABC公司一时无力偿还货款，钟乃荣整整等待了一年，资金才陆陆续续回笼。这场虚惊让他领略了市场的凶险。他知道经济全球化的今天，从市场投向、技术开发、质量检测、资金运作等，企业每走一步都须谨慎，更要具备谋略和智慧。

创新一向被视为企业生存的不二法门。钟乃荣也十分看重企业的核心技术，十分重视公司研发部的研发能力和产品更新能力。他密切注视国际汽车配件的技术走向，重金聘请科技人员与技工。目前，公司已获得汽车搭档手柄、发动机空气滤清器等多项技术专利。对于客户提出的问题，他常常与技术人员一起进行会诊，翻阅大量资料，潜心研究，直到问题解决、客户满意为止。

在公司的展示厅里，钟乃荣如数家珍地介绍自己的产品。他说，我们的所有产品设计外观都要求符合现代审美观，性能要卓越，质量要稳定可靠。我们对新品研制开发的要求是，速度要快，交货周期要便捷，在客户服务方面要高品质、高效率、灵活、迅速。

这些年，钟乃荣先后考察过欧美十余个国家。展望汽车配件产品市场的前景，他非常乐观地说，随着全球经济发展、发展中国家对汽车配件需求逐年扩大，国际市场仍有足够的空间有待开发。

三、旅游经济的拓展

经济发展了，百姓富裕了，而畲乡的山依旧是那么绿，水依旧是那么清。这一切，得益于畲乡的干部群众牢固树立的“既要金山银山，更要绿水青山”理念。畲乡人把保护好自己的绿色家园看得和生命一样重要，保持了乡村的高森林覆盖率。碧树蓝天、清新空气和民族文化，吸引着无数山外人的目光。

闽东畲乡有着丰富而极具民族特色的旅游资源。除了世界地质公

畲村旅游　（作者提供）

园太姥山、白云山外，还有许多美不胜收的自然与人文景观。

瓜溪刺桫椤自然保护区——位于福安市溪潭镇瓜溪畲村，是省级自然保护区。瓜溪畲村分里外两个自然村，在里瓜溪海拔150～500米的峡谷及其周围方圆10平方千米的山野中，分布有3600多株大大小小的桫椤树，最大的一株高达6.5米，超过《中国濒危植物红皮书》最高6米的记载。保护区内山势崔嵬、云雾氤氲，怪石峥嵘，叠瀑奇秀，自然景观十分丰富。

仙岫山——位于福安市坂中畲族乡。最高处海拔600米，为“韩阳十景”之一“仙岫晴云”之所在。山上可观韩城美景，可见佛光奇观（已知佛光持续时间最长为35分钟）。仙岫山有畲村多处，位于半山处的仙岩畲族村建有“仙岩畲族风情园”。

清泉洞——位于福安市穆云畲族乡凤翔山侧峰。凤翔山有福安畲族人口最多的畲族自然村凤洋（该村原名凤翔）。清泉洞为一方名胜，巨石覆洞，以洞为寺，洞中有洞，曲折深幽。内有一泉，清澈甘甜，常年不竭。

大林钟氏宗祠——位于福安市坂中畲族乡大林畲族村。祠建于清康熙五十五年（1716 年），重修于光绪年间。祠内供奉从元代到清光绪八年（1882 年）三十四世钟姓先祖牌位 470 多面。祖牌雕刻精细，保护完好，具有很高的历史价值和较高的艺术价值。

东山——位于福安市康厝畲族乡东山畲村。山上有飞瀑奇石和“东山雪洞”胜迹，“雪洞”及其四周还有许多摩崖石刻，据史志记载，均是抗清名士刘中藻的题刻。

观音亭寨——位于霞浦县水门畲族乡半岭村。有建于明洪武二年（1369 年）的寨堡，寨堡门上方有石刻“观音亭寨”四字；亭外还有明清时代的碑刻 15 面。每年元宵、重阳，畲民在此聚会，盘诗对歌，成为习俗。

樟坑蓝氏大厝——位于霞浦县崇儒畲族乡樟坑村。大厝分为母厝和子厝。母厝建于清道光三十年（1850 年），子厝有两座，附建于母厝左右。三大厝形成一个整体，占地近 5 亩，坐南朝北，平面呈棋盘状；有 9 个厅堂、6 个天井、99 根大柱；厝屋分两层，每层各有 94 间。外观建筑也很有特色，是畲村罕见的群体建筑。

中华畲族宫——位于宁德市蕉城区金涵畲族乡亭坪畲族村。建于 1995 年。现建筑有仿汉宫阙门楼和忠勇王殿等，总占地面积 50 亩。忠勇王殿正中央供奉着忠勇王和三公主的坐姿雕像，门楼上方有原全国人大常委会副委员长、著名学者费孝通手书的“中华畲族宫”题刻。中华畲族宫自 1995 年以来，多次接待了包括李鹏、田纪云、布赫在内的中央领导和重要贵宾。该建筑群正在不断增建、充实、完善。

在旅游经济快速发展的今天，畲区丰富的旅游资源为畲族百姓带来了大量的财富。猴墩村全力打造畲族风情旅游与生态旅游，“三月三畲歌会”吸引了四邻八方的游客，畲歌、畲语还有那红黑相间的畲族传统服饰都让来访游客赞不绝口。为弘扬畲族文化，猴墩村在小学开

中华畲族宫　（作者提供）

设了自编的畲族乡土文化课程；自编自导反映畲族同胞勤劳、勇敢精神的“上刀山”、“下火海”、“奶娘悬缸”等优秀畲族风情节目。

赤岭畲族乡以畲族民族风情、漳浦蓝氏历史名人，以及赵家堡风光为基础，形成一个集历史文物、民俗风情、商业展销、休闲农业为一体的旅游区。除此之外，赤岭乡还规划建设漳浦畲族历史文化中心，规划面积300亩，包括闽南蓝姓大祖祠堂——种玉堂、畲族文化村、民族风情表演区和农业果园观光区等。漳浦畲族历史文化中心建成后将与周边的雨霁岭三界公朝圣区、扬美水库景区连为一个以畲族风情、朝圣观光和自然风光为主题的旅游区，形成一条东接花博园，西连赵家堡、诒安城和蓝廷珍府第的民族风情旅游线路。